톱 비즈니스맨은
거꾸로 생각해

톱 비즈니스맨은
거꾸로 생각해

성공의 법칙을 뒤집는 7가지 새로운 발상!

톱 비즈니스맨은 거꾸로 생각해

황금물고기

상식을 뛰어넘는 역발상에서 답을 얻다

내 거래처 사람 중에 업무 처리와 인격 면에서 매우 존경할 만한 A라는 분이 있다. 그는 부동산 관련 매니저로 업계에서도 유능한 인물로 꼽히는, 그야말로 '톱 비즈니스맨'이라는 말이 딱 어울리는 사람이다.

언제나처럼 그와 논의를 하다가 나는 문득 그에게 이렇게 물었다.

"A씨는 휴대전화가 없습니까?"

물론 농담 섞인 질문이었다. 부동산 비즈니스에서 활약하고 있는 잘나가는 매니저가 휴대전화가 없을 리 없다. 그러나 그런 궁금증을 갖게 할 정도로 그는 나와 대화하는 모든 시간을 온전히 내게 투자하는 것 같았다.

그는 전화 때문에 자리를 비우는 일도 없었고 문자를 받거나 보내는 일도 없었다. 그와 몇 번이나 만났지만 휴대전화를 손에 들고 있는 모습조차 본 적이 없어서 물어봤다. 그는 당연한 듯이 대답했다.

"물론 갖고 있습니다. 하지만 손님이나 일 관계자와 미팅하고 있을 때는 사무실에 두거나 가방 안에 넣어 두지요. 특별히 필요가 없으니까요."

보통 잘나가는 비즈니스맨이라고 하면 끊임없이 전화가 걸려 오고, 최신 IT 장비로 긴밀하게 연락을 주고받는 이미지가 강했기 때문에 그는 매우 이례적으로 보였다.

그의 대답을 듣는 순간 '진짜 일 잘하는 비즈니스맨은 이 사람처럼 휴대전화도 때와 장소를 가려서 할지도 모른다.'는 생각이 뇌리를 스쳤다.

'비즈니스에서 성과를 내는 데 필요한 사고나 행동, 습관 등에서 특별한 비법이 있는 게 아닐까?'라는 질문을 계기로 나는 다양한 기업에서 활약하고 있는 일류 비즈니스맨의 행동과 습관에 대해 주의 깊게 관찰하게 되었다.

　필자는 기업체 연수 강의를 하고 있다. 지금까지 지도해 온 비즈니스맨은 5만 명이 넘는다. 그들 중에는 자기 분야에서 좋은 실적을 내고 있는 톱 비즈니스맨들이 많이 있었다.

　그런 사람들을 관찰해 본 결과, 그들에게는 공통적인 행동 패턴과 사고방식이 있다는 것을 발견했다. 그들의 공통점은 일반 비즈니스맨의 입장에서는 언뜻 상식을 뒤집는 것처럼 보일지도 모른다. 처음에는 이상해 보일지 모르지만 찬찬히 살펴보면 그들의 공통점에 공감하게 된다.

　세상에는 여전히 오래된 고정관념과 선입견이 위력을 떨치고 있다. '지금까지 이런 방법으로 쭉 잘 해왔다, 다른 사람들도 다 이렇게 하고 있으니 이게 맞는 거다.' 같은 심리적 구속과 통념에 얽매여 있는 비즈니스맨들이 의외로 많아서 업무에 대한 의문의 제기도 없이 자동적으로 수용하고 처리하는 경우도 종종 있다.

그러나 어제까지 잘 되던 방법이 내일도 계속 잘 된다는 보장은 없다. 세상의 모든 것이 빠르게 변화하고 있는 지금, 어제의 상식이 내일은 궤변이나 비상식이 되는 시대로 바뀌고 있기 때문이다.

"일의 성과가 적다."
"동기부여가 지속적으로 되지 않는다."
"일만 많고 수입이 오르지 않는다."
이렇게 말하는 사람은 이 책을 계기로 그동안 상식으로 받아들였던 것들을 한번 의심해 보기 바란다.

이 책은 톱 비즈니스맨이 습관적으로 실천하고 있는 행동과 사고방식을 소개하고 있다. 언뜻 보기에 이것들은 상식 밖의 것으로 느껴질지도 모른다.

그러나 이 책을 읽으면 그런 '상식 뛰어넘기'라는 사고와 행동이 놀라운 성과나 수입 증가의 원동력이 되고 있음을, 그리

고 자신이 얼마나 세상의 상식에 얽매여 있었는지를 발견하게
될 것이다.

지금 당신에게 필요한 것은 상식을 뒤집는 역발상과 언동으
로 자기변혁을 꾀하는 것이다. 분명 당신의 후반생은 다른 길
을 가게 될 것이다.

나는 기업 연수, 세미나, 교류회 등 다양한 기회를 통해 브랜
드(일하는 사람의 가치)의 중요성을 강조하고 있다. 기업에 브랜
드가 필요한 것처럼 개인에게도 자기 브랜드가 절실하게 필요
한 시대라고 생각하기 때문이다.

자신만이 창조할 수 있는 '가치'를 제공함으로서 회사나 고
객 등 사회에 공헌하는 사람은 개인의 브랜드화를 실현할 수
있고 주위에서 톱 비즈니스맨이라고 평가받게 된다.

개인의 브랜드가 확립되고 좋은 평판을 얻게 되면 이런 사람
이 된다.

- 회사에서 신임 받는 사원

- 좋은 평가를 위해 굳이 노력하지 않아도 좋은 평가를 받는 사람

- 독립적으로 사업을 시작해도 일과 사람이 저절로 모여드는 사람

- 타인에게 의존하지 않아도 좋은 일이 찾아오는 사람

　　이 책에서 소개하는 역발상은 개인의 브랜드화로 인도하는 방법들이다. 역발상이야말로 당신만의 고유한 브랜드를 만든다고도 할 수 있을 것이다. 이 책이 당신의 비즈니스 인생을 호전시키는 계기가 되길 바란다.

노구치 슈이치

contents

chapter 03

톱 비즈니스맨은
왜 매일 같은 **일**을 **반복**하는 걸까?

chapter 04

톱 비즈니스맨은
왜 **분 단위 스케줄**을 짜지 않을까?

톱 비즈니스맨은
왜 잘 잘까?

톱 비즈니스맨은 왜 휴대전화 착신이 적을까?

바빠 보이는 사람이 톱 비즈니스맨이다? | 휴대전화 착신이 많은 사람은 일 못하는 사람이다 | 휴대전화 수신은 시간과 효율을 빼앗는다 | 휴대전화를 우선시하면 신뢰를 잃는다 | 착신이 많은 사람은 일에 끌려간다 | 착신이 적은 사람은 일을 끌고 간다 | 휴대전화는 받는 것이 아니라 거는 것이다 | 매너 하나로 상대의 인상이 달라진다 | 휴대전화 사용법으로 업무 방식이나 성과를 알 수 있다

01

바빠 보이는 사람이
톱 비즈니스맨이다?

주위 사람들을 떠올려 보자.

혹시 다음과 같은 행동을 하는 사람이 있는가?

아니면 본인 스스로 이런 행동을 하고 있지 않은가?

- 빈번하게 휴대전화가 걸려 오고 오랫동안 통화한다.

- 비즈니스 미팅 중에 휴대전화가 걸려 오면 바로 자리를 떠난다.

- 회의 중 휴대전화가 걸려 와서 여러 번 자리를 떠난다.

- 기차 이동 중에 휴대전화가 걸려 와서 승강구 통로에서 통화하고 있다.

수시로 휴대전화가 걸려 오는 비즈니스맨은 언뜻 바빠 보인다. 일과 관련된 전화가 그렇게 많다면 실제로도 바쁠 것이다. 일이 많아지면 커뮤니케이션 양이 늘어나는 것은 당연하다. 휴대전화로 통화하는 본인들 역시 '난 열심히 일하고 있어!' 하며 스스로 만족하는지도 모른다. 개중에는 회의나 상담 중에 휴대전화가 걸려 오면 여봐란 듯 그 자리에서 큰 소리로 통화하는 사람도 많다. 마치 '난 사방에서 가만히 놔두질 않는 비즈니스맨이야.'라고 자랑이라도 하는 듯.

내가 아는 사람들도 휴대전화 통화가 상당하다. 다음 일화는 거래처 회사의 담당자 두 사람과 미팅하고 있을 때의 일이다.

미팅이 중반을 향해 갈 무렵 두 사람 중 상사의 휴대전화가 울렸다. 그러자 상사는 망설임 없이 전화를 받았다.

"죄송합니다. 잠깐 전화 좀……."

그는 곧 일어나 밖으로 나가서 통화를 했고 나와 남은 직원은 미팅을 계속했다.

한참 후 상사가 전화를 끊고 돌아왔을 때에는 모든 안건이 끝나 있었다.

"죄송합니다. 약간 트러블이 있어서……."

그는 입으로는 사과하고 있었지만, 의외일 정도로 당당한 모습이었다.

한번은 이런 일도 있었다. 내가 어떤 기업에서 리더 연수를 하던 때의 일이다.

연수를 받던 한 간부는 자꾸 울리는 휴대전화 때문에 계속 들락날락하고 있었다. 결국 "이제부터 2인 1조가 되어 해봅시다."라는 내 말이 떨어지기가 무섭게 그는 휴대전화를 받으며 나가 버렸고 그의 파트너만 덩그러니 남겨졌다.

여기서 소개한 두 사람의 예는 극단적인 것일지도 모른다. 실제로 사업 미팅이나 회의 중에 전화가 걸려 왔을 때는 상대방에게 양해를 구하고 전화를 받거나 나중에 다시 거는 등 나름의 매너를 지킬 줄 아는 사람이 대부분이라고 생각한다.

그러나 자신의 평상시 행동을 되돌아보길 바란다.

상대방이 앞에 있는데도 걸려 오는 전화뿐만 아니라 착신 기록이나 메일이 신경 쓰여 전화기를 만지작거리거나, 혹은 "잠깐 실례해도 될까요?" 하며 가볍게 휴대전화를 받아 버리는 일은 없는가?

빈번하게 전화가 걸려 오는 자신을 '많은 일을 해내는 바쁜 비즈니스맨'이라고 여기며 이상한 자신감을 갖고 있지는 않은가?

전화는 이쪽에서 하는 것이 아니라 상대방이 거는 것이라고 생각하고 있을지도 모른다.

그런 사람은 '전화가 많은 사람=바쁜 사람', '휴대전화의 착신이 많은 사람=톱 비즈니스맨'이라고 무의식중에 굳게 믿고 있을지도 모른다.

내 생각에 이것은 '큰 착각'일 뿐이다. 휴대전화의 착신이 많은 사람은 언뜻 바쁘게 보이기 때문에 '일을 잘하는' 것처럼 느껴질지도 모르지만 실제 현실은 정반대다.

당연한 얘기지만, 바쁜 것과 일을 잘하는 것은 무관하다. 아무리 바빠도 질이 높은 성과가 나오지 않으면 그렇게 바쁜 모든 것이 쓸데없는 부산함에 지나지 않기 때문이다.

잘나가는 톱 비즈니스맨이란 항상 질이 높은 일을 하며 고객이나 주위 사람들을 기쁘게 하는 성과를 내놓는 사람이다. 바쁜지 안 바쁜지는 일 잘하는 사람이라는 평가와는 아무 관계가 없으며, 휴대전화의 착신이 많고 적음 역시 무의미하다.

즉 '바빠 보이는 사람'과 '일 잘하는 사람'은 전혀 다른 차원의 이야기인 것이다.

02

휴대전화 착신이 많은 사람은
일 못하는 사람이다

자세히 살펴보면 휴대전화 착신이 많은 사람은 '일을 잘 못한다'는 것을 스스로 증명하고 있는 셈이다. 전화벨이 끊이지 않는 사람은 자신의 일을 컨트롤할 수 없다.

나는 기업 연수 강사로 지금까지 5만여 명의 비즈니스맨을 지도했다. 또한 수많은 경영자와 경영 간부, 국내외의 경영진들과 함께 비즈니스를 전개해 왔다.

이런 경험을 통해 나는 톱 비즈니스맨들의 몇 가지 공통점을 발견했다. 그중 하나가 톱 비즈니스맨은 사람들 앞에서 휴대전화를 사용하지 않는다는 점이다.

기업을 이끄는 CEO나 조직의 리더 등 톱 비즈니스맨 소리를 듣는 사람들과 몇 번이나 일을 해왔는데, 희한하게도 나는 그들이 내 앞에서 전화하는 모습을 본 적이 없다.

물론 휴대전화를 갖고 있지 않은 것이 아니라, 휴대전화의 전원을 꺼 두거나 매너 모드로 해두었을 것이다. 그렇다고 전화가 전혀 안 오는 건 아니다.

톱 비즈니스맨의 경우 의외로 휴대전화의 착신이 많지 않다. 만약 착신이 있다고 해도 사업 미팅이나 회의 중에 걸려 온 전화에 바로 통화를 하는 일은 절대 없다.

왜 일 잘하는 사람은 휴대전화 착신이 적은 걸까? 거기에는 크게 두 가지 이유가 있다고 생각한다.

첫째 이유는, 평상시에 일처리가 잘 되어 있기 때문이다.

상대로부터 전화가 걸려 온다는 것은 용건이나 문의가 있기 때문이다. 일처리를 잘 하는 사람은 예정보다 앞서 일을 진행한다. 남보다 먼저 용건이나 트러블의 근원이 될 만한 것에 대처하고 있기 때문에 상대가 전화할 건수도 적어진다. 즉 자신의 일을 제대로 컨트롤하는 것이다.

둘째는, 지금 눈앞에 두고 있는 일이나 사람에게 전력을 다해 마주하기 때문이다.

톱 비즈니스맨은 현재 자신이 몰두하고 있는 작업이나 대면

하고 있는 사람에게 전력투구한다. 무슨 일이든지 그것이 주업이 아닌 부업이 되거나, 일을 하는 동안에 집중력이 떨어지면 어중간한 성과밖에 얻을 수 없다.

요즘 같이 경쟁이 심한 비즈니스 환경에서는 어중간한 일을 해서는 순식간에 뒤처진다. 하는 일마다 놀라운 성과를 내고 있는 사람들은 모두 눈앞의 일에 전심으로 몰두하고 있다.

내가 지금까지 만나온 대부분의 톱 비즈니스맨들 역시 눈앞에 있는 필자나 미팅 혹은 사업상의 거래에 예외 없이 전력을 쏟아부었다.

그들이 일하는 중에 휴대전화의 착신이 있었을지 모른다. 아무리 깔끔하게 일처리를 잘 하고 있다고 해도 전화가 불쑥 걸려 오기 마련이다. 하지만 절대 그 자리에서 전화를 받는 일은 없기 때문에 서로 충만한 시간을 보낼 수 있다.

휴대전화의 착신이 적으면서도 성과를 계속 내고 있는 사람은 결코 일이 적거나 일을 못하는 사람이 아니다. 오히려 깔끔하게 일처리를 잘 하고 눈앞의 일에 전력투구할 수 있는 사람, 즉 질 높은 성과물을 계속 만들어 내는 사람이라고 할 수 있을 것이다.

'휴대전화 착신이 많은 사람은 일을 잘한다.'고 생각했던 사람은 이제 그 고정관념을 버릴 필요가 있다.

그렇다면 당신은 휴대전화의 착신이 많은 사람인가? 아니면 착신이 적은 사람인가?

지금 바로 휴대전화의 발신과 착신 이력을 조사해 보자. 일정 기간 동안 착신이 더 많은 사람은 어쩌면 일 못하는 사람일지도 모른다.

03

휴대전화 수신은
시간과 효율을 빼앗는다

'왜 톱 비즈니스맨은 휴대전화 착신이 적을까?'에 대한 이야기를 진행하기 전에, 휴대전화의 착신이 많아질 때의 단점에 대해 생각해 보자.

휴대전화의 장점에 대해서는 굳이 더 설명할 필요가 없다. 언제 어디서든 그리고 급한 용건이 발생했을 때 연락을 취할 수 있는 장점은 분명 비즈니스에 유익하다. 그러나 이 편리함 때문에 우리는 큰 대가를 치르고 있다. 휴대전화를 갖고 있는 한, 언제 어디에 있든지 상대로부터 연락이 온다는 점이다.

기본적으로 전화는 이쪽의 상황을 고려하지 않고 걸려 온다. 중요한 미팅이나 회의 시간에 혹은 집중해서 전략을 짜야 될 때나 일을 떠나 쉬고 싶을 때도 전화벨은 울린다.

나는 걸려 오는 전화가 내 귀중한 비즈니스 시간을 빼앗는다고 생각한다. 사업 미팅이나 회의에 집중하고 싶을 때, 깊은 사색을 필요로 할 때 전화가 오면 집중력이 끊겨서 효율성이나 생산성이 떨어질 수 있다. 그렇게 되면 당연히 성과도 나오지 않는다.

앞에서 '연수 중 몇 번이나 전화가 와서 도중에 자리를 뜬 사람'의 예를 들었다. 연수는 자신의 능력을 높이는 좋은 기회임에도 불구하고 교육에 집중할 수 없다면 당연히 얻는 것도 줄어든다. 연수나 일, 둘 다 제대로 할 수 없을 바에야 차라리 연수 대신 일에 전념하는 편이 좋았을 것이다.

물론 중요한 시간에는 매너모드로 해서 휴대전화가 울리지 않도록 해두는 방법도 있다.

그러나 전화가 왔다는 것을 알았을 때, 그것을 무시하고 작업에 몰두하기란 매우 어려운 일이다. 아무래도 머릿속 한 구석에서는 '무슨 용건일까?' 해서 궁금증이 생기게 된다.

누군가 말을 걸었을 때 무시할 수 없는 것처럼 휴대전화의 울림도 그렇다.

04

휴대전화를 **우선시**하면
신뢰를 잃는다

휴대전화 통화의 단점이 또 있다. 그것은 미팅 중에 온 전화를 받는 동안 그 자리에 참석한 사람들의 신뢰를 잃는다는 점이다.

예를 들어 당신이 첫 대면한 사람과 미팅을 하고 있을 때 상대방의 휴대전화가 울렸다고 하자. 이때 상대가 "죄송합니다. 전화를 받아도 될까요?"라며 전화 상대와 통화를 한다면 당신은 어떻겠는가?

아무리 사전에 양해를 구했다고 하지만 결코 좋은 기분은 아닐 것이다. 오히려 '나를 너무 소홀히 대접하는 것 같다. 어쩌면 이 미팅은 상대에게 중요하지 않을지도 모른다.'는 불신감을 품을 수도 있다.

회사의 회의도 마찬가지다. 만약 참석자 중 한 사람에게 전화가 몇 번이나 걸려 와 중간에 들락날락하고 있다면 다른 멤버는 '이건 중요한 회의가 아닌가?, 그는 이 프로젝트에 마음이 없나 보군.'이라는 인상을 받을 것이다.

전화를 받는 사람 중에는 수많은 통화로 '내가 좀 가치 있는 인물'이라는 것을 은근히 내세우고 싶은지도 모르겠다. 그러나 그것은 역효과를 낸다는 점도 알아 두어야 할 것이다.

사람은 누구나 '소중하게 대접받고 싶다, 가치 있는 사람으로 여겨지고 싶다'는 마음을 갖고 있다. 그럼에도 불구하고 많은 사람이 회의나 미팅 중에 휴대전화를 받음으로서 상대방의 신뢰를 잃고 있다.

자신이 당하는 입장이 되어 보면 당연히 알 수 있을 텐데도 많은 사람들이 '전화 받지 말아야지.'라는 유혹을 이기지 못하는 것이다.

사업상의 논의나 미팅을 하고 있을 때 전화 착신이 적은 사람, 전화를 받지 않는 사람이야말로 상대방의 신뢰를 얻고 '가치 있는 인물'로서 소중하게 대접받을 수 있다는 사실을 기억하기 바란다.

05

착신이 많은 사람은
일에 끌려간다

휴대전화의 착신이 적은 사람은 일처리가 능숙하다고 볼 수 있다. 즉 스스로 컨트롤할 수 있는 일은 모두 미리 컨트롤하고 있다. 물론 예측할 수 없는 사건이나 트러블은 통제할 수 없다. 그렇기 때문에 돌발적으로 전화가 오는 일도 있을 것이다.

그러나 컨트롤할 수 없는 일은 전체로 볼 때 매우 작은 부분에 불과하다. 스스로 컨트롤해야 할 부분을 모두 관리하고 대응하고 있다면 전화를 상당수 줄일 수 있다. 반대로 자신의 일을 컨트롤하지 못하는 사람들은 끊임없이 전화가 걸려 온다.

내가 '전화가 자꾸 오는 것은 제대로 일처리가 되지 않은 증거'라고 지적하면 "그렇기는 하지만 상대방이 나에게 용건이 있는 것은 어쩔 수 없지 않나요?"라고 반론하는 사람도 있다.

전화를 거는 상대 역시 전화를 하고 싶어서 하는 것은 아니다. 긴급한 용건이나 결정해야 될 일이 있기 때문에 전화를 하는 경우가 대부분이다. '목소리를 듣고 싶어서'라는 이유로 전화를 거는 사람은 애인이나 친구 또는 가족일 것이다.

사실 전화를 하는 쪽도 '방해가 될지 모르니' 되도록 전화하고 싶지 않을 것이다.

많은 사람이 착각하는 것 같은데, 전화를 거는 사람이 나쁜 것이 아니라 전화를 걸게 하는 수신자 쪽이 나쁜 것이다.

수신자가 미숙한 점이 있기 때문에 전화가 오는 것이다. 이런 전제를 이해하지 못한다면 휴대전화의 착신은 절대 줄지 않을 것이다.

전화의 착신이 많은 사람은, 대체로 평상시 일처리에도 문제가 있다. 이런 사람들의 일하는 방식에는 다음과 같은 경향이 있다.

① 스스로 모든 일을 떠안아 버린다.

② 일을 마무리 짓겠다는 의식이 부족하다.

③ 일의 우선순위를 판단하지 못한다.

① 스스로 모든 일을 떠안아 버린다. 이는 부하 직원을 거느

린 조직의 리더가 자주 보이는 경향이다.

나는 연수에서 기업 간부들을 담당하는 경우가 많은데, 그들 중에는 무슨 일이든 자신이 직접 하지 않으면 성에 차지 않아 아랫사람에게 맡길 수가 없는 사람들이 있다.

물론 자신이 직접 하는 편이 훨씬 정확하고 빠르게 처리될 수 있다. 하지만 그렇다고 해서 부하 직원에게 잡무나 단순 업무만 시킨다면, 아무리 시간이 흘러도 그 직원은 성장할 수 없으며 팀의 일원으로도 좋은 관계를 맺을 수 없다. 부하 직원에게도 의사결정을 할 기회와 영역을 주어야 한다.

떠안는 일이 많아지면 당연히 작업량이 늘어나고 논의해야 될 문제도 많아진다. 하지만 혼자서 이 모든 것을 컨트롤하는 일은 결코 만만치 않다. 제때에 처리되지 못하거나 불완전하게 마무리 된 일이 생기면서 트러블이 일어나고 상대방의 문의나 요구도 늘어나게 된다. 게다가 이것이 곧 휴대전화에 불이 나는 이유가 되는 것이다.

② 일을 마무리 짓겠다는 의식의 부족 역시 휴대전화 착신이 늘어나는 이유다.

전화가 걸려 오는 큰 이유 중 하나는 일이 도중에 중단되었기 때문이다. 일이 불완전하게 진행되면 '그 일은 어떻게 됐습니까?, 언제쯤 끝날까요?'라는 문의나 요구도 늘어나게 된다.

일을 하다 말고 사업 미팅이나 회의 등에 나가 버리기 때문에 도중에 전화가 오는 것이다. 일을 완료해 두면 이 같은 전화는 크게 줄어들 것이다.

휴대전화 착신이 적은 사람은 일에 기한을 정해 놓고, 기한 내에 집중해서 작업하기 때문에 어중간하게 진행하거나 보류하는 일이 거의 없다. 만약 일이 끝나지 않았더라도 사람을 잘 활용할 수 있기 때문에 일을 쌓아 두거나 미루는 경우가 없다.

③ 일의 우선순위를 판단하지 못하는 것 역시 통화가 늘어나는 현상으로 연결된다.

중요도가 높은 일일수록 많은 사람들이 관련되어 있거나 거액의 예산이 움직이게 된다. 이런 중요도가 높은 일을 제대로 진행하지 못하면 점점 문제가 커져서 트러블이 발생하기 쉽다. 결과적으로 일처리보다 발생하는 트러블을 대처하느라 급급해지는 것이다.

이런 상태에 빠지게 되면 지나친 일을 되돌릴 수도 없고, 중요도가 낮은 일이 문제가 될 위험도 있다. 어떤 일에도 손댈 수 없는 상태가 되면서 그저 걸려 오는 전화에 대처하기 바빠지는 것이다.

반면 착신이 적은 사람은 '좀 더 중요한 일'부터 몰두하는 좋은 습관이 있다. 이것은 톱 비즈니스맨의 공통적인 경향이라고 할 수 있다. 중요한 일부터 정리해 나가면 성과를 내기도 좋고, 이해 관계자에게도 공헌하게 되어 자신의 가치나 평가도 높아진다.

또한 착신이 적은 사람은 눈앞의 일이나 사람에게 전력투구한다. 우선순위가 높은 중요한 일에 몰두할 때는 그 작업에 집중하고, 사업 미팅이나 회의 등에 참석할 때는 그 자리나 상대방에게 공헌하기 위해 최대한의 힘을 쏟는다.

반대로 착신이 많은 사람은 우선순위를 판단할 수 없기 때문에 사업 미팅이나 회의석상에서도 아무렇지 않게 전화를 받는다. 지금 내 눈앞에 있는 사람, 지금 이곳의 회의야말로 훨씬 우선순위가 높음에도 말이다.

06

착신이 적은 사람은
일을 끌고 간다

휴대전화 착신이 적은 사람은 착신이 많은 사람과는 정반대의 방식으로 일한다. 그들이 일하는 방식에는 다음과 같은 경향이 있다.

① 사람을 잘 활용한다.

② 일의 목표 이미지가 높다.

③ 자기중심의 사고가 아니라 타인 중심의 사고로 일한다.

① 사람을 잘 활용하는 사람은 부하 직원에게 맡길 수 있는 일은 미련 없이 맡겨 버린다. 부하 직원에게 권한을 위임하고 그가 성장하도록 지도하면, 장기적으로 볼 때 자신의 업무 분

량을 줄임과 동시에 일의 성과도 높일 수 있다.

권한을 위임하게 되면 부하 직원은 더 큰 책임감과 보람을 느끼게 된다. 즉 상사가 시켜서 하는 일이 아니라 내 일이라는 생각으로 적극적으로 일에 몰두한다. 결과적으로 그의 일은 차츰 완성도가 높아지고 상사의 부담 또한 상당히 줄어든다.

이렇게 착신이 적은 사람은 시야가 넓어져 당장 눈앞에 닥친 일뿐만 아니라 훗날의 일까지 살피면서 일을 한다.

단, 권한 위임을 했다고 해서 무조건 맡겨만 두어서는 안 된다. 중간에 일의 경과나 성과 체크가 필요하며 최종 책임은 역시 상사가 져야 한다.

또한 착신이 적은 사람은 ② 일의 목표 이미지가 높다고 할 수 있다. 즉 모든 일에 대해 '여기까지 하면 OK'라는 기준을 확실하게 갖고 있다.

예를 들어 상사에게 제출해야 하는 보고서가 있다고 하자. 일을 못하는 사람은 아슬아슬하게 마감을 맞추거나 마감을 넘긴 후에야 제출하는 경우가 많다.

다행히 보고서가 상사를 감동시킬 만한 수준으로 완성되었다면 문제는 없겠지만, 대부분의 경우 수정할 부분이나 개선할 점이 나온다. 최악의 경우 상사가 요구하는 수준에 못 미쳐서 다시 해오라는 꾸중을 듣기도 한다. 마감 직전에 제출한 서류를 다시 처음부터 작성하게 되었다면 '일 못하는 사람'이라는 딱지가 붙는다고 해도 어쩔 수 없다.

톱 비즈니스맨은 상사가 요구하는 보고서의 수준을 사전에 파악한 후에 작성한다. 즉 '상대방이 무엇을 요구하는가?'라는 목표 이미지가 자기 안에 있는 것이다.

그렇기 때문에 사소한 부분에 지나치게 매달리느라 일을 오래 끄는 일도 없으며, 상사가 요구하는 목표를 스스로 판단할 수 없을 때에는 보고서를 쓰기 전에 상사와 상담을 통해 목표 이미지를 정한 후에 일을 시작한다.

이 같은 방식으로 일을 하면 마무리를 짓지 못해 미루거나 상대방이 요구하는 수준에 미치지 못하는 일도 적어지며, 상사의 재촉이나 수정 요구도 받지 않게 된다. 당연히 착신도 줄어들 것이다.

그리고 착신이 적은 사람은 ③ 자기중심의 사고가 아니라 타인 중심의 사고로 일한다는 것이다.

누구나 하고 싶지 않은 일이나 잘하지 못하는 일은 자꾸 미루는 경향이 있다. 마음이 내키지 않는 일은 해야지, 해야지 다짐하면서도 좀처럼 잡히지 않는다. 대체로 사람은 자신의 상황이나 감정을 우선해서, 즉 자기중심으로 일하기 때문이다.

그러나 톱 비즈니스맨은 일하는 상대방의 상황이나 감정을 우선해서 일을 한다. 즉 타인 중심인 것이다.

예를 들어 팀으로 일을 하게 될 때는 '어떤 일을 우선해서 해야 팀 전체의 일이 원활하게 진행될까?'라는 관점에서 일의 우선순위를 정한다. 결코 자신이 원하는 일, 성과를 내기 쉬운 일부터 시작하지 않는다. 자기중심적으로 일을 해버리면 때로 팀원에게 폐를 끼치게 되고, 작업이 지연될 우려가 있다.

또한 톱 비즈니스맨은 '어떻게 하면 상대가 기뻐할까?, 상대를 곤란하게 하지 않고 진행할 수 있을까?'라는 관점에서도 일의 우선순위를 결정하기 때문에 서로 간의 실수나 트러블을 막을 수 있다.

자신이 아니라 상대방을 중심으로 생각해서 행동하는 것이 결과적으로 자기 스스로도 일하기 쉬운 환경을 만들게 되는 것이다.

07

휴대전화는 받는 것이 아니라 거는 것이다

휴대전화 착신이 적은 사람은 휴대전화는 받기 위한 것이 아 닌, 걸기 위한 도구라고 여긴다. 즉 수동적인 자세가 아니라 적 극적이고 주체적인 자세를 취하고 있는 것이다.

일을 잘하고 착신이 적은 사람이라고 해서 결코 일의 양이나 커뮤니케이션의 양이 적은 것이 아니다. 착신이 적은 사람은 남 들보다 앞서서 일하고 있기 때문에 걸려 오는 전화가 줄어든 것뿐이다. 게다가 착신이 많은 사람보다 더 놀라운 성과를 제 때에 낸다.

예를 들어 중요한 사업 미팅이 있을 경우, 사전에 전화가 걸 려 오리라 예상되는 사람에게 먼저 연락을 해둔다. 상대가 전 화를 걸기 전에 미리 문제를 해결하는 것이다.

이 같은 행동을 반복하면 중요한 미팅 중에 전화가 오는 일이 줄어들고, 처리하지 못한 안건이 머릿속을 뱅뱅 맴도는 일도 사라지게 된다. 따라서 지금, 여기의 미팅에 집중할 수 있는 것이다.

필자 역시 연수나 협의 전에 전화가 걸려 올 것 같은 상대에게 먼저 연락을 한다. 만약 상대방과 연결이 되지 않을 경우 '지금부터 17시까지 연수를 시작합니다. 나중에 제가 연락드리겠습니다.'라고 음성 메시지를 남겨 둔다. 그렇게 하면 연수 중에 연락이 오는 일도 없을 것이고 상대방도 '몇 번이나 전화해도 받지 않는다.'면서 초조해하지 않을 것이다.

남보다 앞서서 행동하는 것은 전화에만 국한된 문제가 아니다. 문자 메시지 역시 마찬가지다.

요즘은 전화보다 문자 메시지를 주고받는 비즈니스맨들이 많다. 물론 문자 메시지는 갑자기 상대의 시간을 빼앗거나 방해하는 일이 적다는 면에서 편리한 도구지만 받는 사람의 입장에서는 문자 메시지에 휘둘릴 수 있다.

요즘에는 '오전 내내 문자 메시지 수신하느라 시간을 다 썼다, 하루 종일 문자 메시지 대응에 쫓기고 있다.'라고 얘기하는 사람들이 종종 있다. 문자 메시지에 휘둘리는 가장 큰 원인은 수신이 주가 되어 있기 때문이다.

이에 반해 휴대전화의 착신이 적은 사람은 송신을 잘 하고 있다고 할 수 있다.

상대방의 문자 메시지에 대응만 하고 있으면 아무리 노력해도 상대의 페이스에 휘말려 버리기 쉽다. 항상 '답장을 해야 하는데……'라는 입장이기 때문에 정신적으로도 쫓기는 기분이 든다.

이에 반해 일을 잘하는 사람은 공을 상대에게 넘겨 버린다.

예를 들어 일을 분담할 필요가 있다면, '나는 A의 일을 할 테니, B의 일을 부탁합니다.' 같은 식으로 자신이 잘하는 일을 스스로 고른다. 또한 미팅이 필요하다면 'O월 O일이나 O월 O일로 부탁드립니다.'라고 자신에게 유리한 일정을 지정한다. 즉 일을 잘하는 사람은 먼저 메시지를 보내서 자신이 움직이기 쉬운 일처리가 되도록 주도한다.

물론 사업 미팅이나 회의 전에 문자 메시지를 보낼 때에는 'O시까지는 전화를 받을 수 없습니다.'라고 한마디 덧붙여 두면, 상대방은 문자 메시지로 답신하거나 미팅이 끝난 후에 전화를 걸 것이다.

만약 휴대전화나 문자 메시지의 용도를 수동적인 착신과 수신에 두고 있다면 생각을 전환할 필요가 있다. 휴대전화나 문자 메시지는 먼저 '발신하고 송신'하는 것이다.

08

매너 하나로
상대의 **인상**이 달라진다

톱 비즈니스맨은 중요한 미팅이나 회의 중에는 '전화를 받지 않겠다'는 마음가짐으로 임한다. 이것을 자기의 규칙으로 정해 놓으면 일일이 휴대전화 착신에 신경 쓰지 않고 미팅이나 회의에 집중할 수 있다.

책상 위에 휴대전화를 두는 사람은 당연히 전화나 문자에 신경이 쓰일 수밖에 없다. 이러한 행동은 '눈앞의 회의 상대나 지금의 미팅보다 휴대전화를 더욱 중시한다'고 암묵적으로 말하는 것과 같고 지금 마주한 상대방에게 결례가 되는 것이다.

가장 좋은 방법은 휴대전화를 곁에 두지 말고 가방 등에 넣어 두는 것이다. 곁에 있기 때문에 착신이 신경 쓰이고 결과적으로 일에 집중할 수가 없다. 휴대전화에 쉽게 접근할 수 없는 환경을 스스로 만드는 것도 효과적인 방법이라 할 수 있다.

단, 긴급한 용건으로 전화가 걸려 올지 모른다는 불안감이 들지도 모른다. 그러나 무슨 일이 있어도 꼭 전해야만 하는 용건이라면 음성 메시지가 대신할 것이다.

반나절 동안 연락이 되지 않는다면 오히려 비즈니스맨으로서 실격이라고도 할 수 있으니 미팅이나 회의 중간의 휴식시간에 휴대전화의 착신을 확인해서 연락을 취할 수도 있다. 눈코 뜰 새 없이 바쁜 사람이라고 해도 이 같은 원칙을 만들어 두면 대개의 안건은 무난하게 처리할 수 있을 것이다.

물론 아무리 일처리를 확실하게 해도 상담이나 미팅 중에 부득이하게 긴급 전화를 걸거나 받아야 되는 경우도 있을 것이다. (나도 잘난 척 이렇게 얘기는 하고 있지만) 실은 그런 때가 가끔 있다.

예를 들어 미팅 중에 긴급히 전화할 필요가 있을 때는 미팅 전에 상대방에게 "정말 실례인 줄 알지만, 도중에 전화를 한 통 걸어야 할 것 같습니다. 미리 양해 좀 부탁드립니다."라고 말한다.

마찬가지로 전화가 걸려 올 것을 알고 있을 때는 "이따가 전화가 올 것 같은데, 죄송하지만 잠시 나갔다 와도 되겠습니까?"라고 처음에 양해를 구해 둔다.

미리 말해 두면 안 된다는 사람은 거의 없을 것이고, 미팅이 잠깐 중단되어도 마이너스 인상으로 연결되지 않는다. 오히려 '사전에 양해를 구하는 성실하고 믿을 만한 사람'이라는 좋은 평가를 얻을 가능성이 더 크다.

이처럼 긴급 사태라고 해도 매너 하나로 인상은 크게 바뀌는 법이다. 톱 비즈니스맨은 항상 이런 배려를 잊지 않는다.

09

휴대전화 사용법으로
업무 방식이나 성과를 알 수 있다

지금까지 휴대전화 사용법으로 톱 비즈니스맨과 그렇지 못한 사람에 대해 알아보았다. 독자들 중에는 휴대전화 하나로 그 사람의 일하는 방식을 모두 판단할 수는 없다고 생각하는 사람이 있을지도 모르겠다. 그러나 나는 사소한 행동 하나하나가 일의 결과나 성과로 연결된다고 생각한다.

예를 들어 집에서 이불 접는 법 하나로도 그 사람의 일하는 방식을 판단할 수 있다. 이불의 윗부분(얼굴이 닿는 쪽)이나 베개에 수건을 놓고 자는 사람은 일처리가 깔끔하다고 볼 수 있다. 더러워지기 쉬운 부분에 수건을 두면 이불이나 베개 커버를 세탁하는 수고가 줄어들기 때문이다.

소소한 일상생활에서도 이렇게 행동하는 사람은 다른 일처리도 완벽하고 남보다 앞서서 일을 진행하는 경향이 있다. 그러니 의식하는 것 이상으로 일상적 행동이 다른 모든 행동과 연결된다고 보아도 무리는 아니다.

휴대전화 사용법도 마찬가지다.

평상시에 휴대전화의 착신이 줄어들 만한 행동을 하는 사람은 일에도 계획성이 있고 일처리가 능숙하다. 또한 다른 이의 힘을 빌려서 일을 진행하는 능력도 뛰어나며 나아가 상대에 대한 배려도 놓치지 않는다. 그 결과로 눈앞의 상대와 해야 할 일에 집중하게 된다.

이런 하나하나의 행동은 작은 일이지만 이런 작은 일의 과정이 충실해질수록 일의 질이 자연히 높아진다. 질이 높아지면 당연히 성과도 내기 쉬워진다.

휴대전화 사용법은 비즈니스 전체에서 보면 작은 행동일지도 모르지만, 모든 것이 일의 성과로 연결되고 있는 것이다.

그렇기 때문에 나는 기본적으로 가족 앞에서는 휴대전화의 전원을 꺼두고 있다. 가족과 함께 있을 때는 가족과의 관계에 집중하자는 것이 내 규칙이다.

일 관계자와 가족 중 어느 쪽이 중요할까? 나는 양쪽 모두 똑같이 중요하고 애초에 비교할 것이 못 된다고 생각한다. 간혹 회사의 사장이나 상사 앞에서는 휴대전화를 받지 않는다는 사람도 가족 앞에서는 아무렇지 않게 업무 전화를 받고는 한다. 이는 내 관점에서는 가족을 무시하는 행동으로 보인다.

앞서 말한 것처럼 하나의 작은 행동이 모여 결과가 된다. 가족 앞에서 휴대전화를 받는 사람은 비즈니스에서도 상대방을 무시하는 행동을 취할 가능성이 높다고 할 수 있다. 휴대전화의 착신이 적은 사람은 눈앞에 있는 소중한 사람에게 전심으로 대응하고 있다.

톱 비즈니스맨은 왜 자기중심적일까?

자기중심적인 사람은 자기 멋대로다? | 자기중심적인 사람은 목표가 확실하다 | 자기 일에 집중하는 사람이 매력적이다 | 자기중심적인 사람은 '내가 빛나는 곳'을 안다 | 마음의 문을 열면 자기중심적이 된다 | 하고 싶은 일을 주위에 말하면 목표에 가까워진다 | 개인 생활도 우선순위에 두자 | 톱 비즈니스맨은 자신이 잘할 수 있는 일만 한다

01

자기중심적인 사람은
자기 멋대로다?

사람들은 '자기중심적'이란 말에서 어떤 이미지를 연상할까?

- 자기 마음대로 한다.
- 자신의 상황만을 우선한다.
- 자신의 이익만을 생각하고 행동한다.

결코 좋은 이미지는 아닐 것이다. '자기중심적인 사람과는 엮이고 싶지 않다, 남들이 나를 자기중심적이라고 평가하는 것은 원하지 않는다.'라는 것이 일반적이다.

만약 '톱 비즈니스맨은 자기중심적'이라고 한다면 어떨까?

'그럴 리가 없다, 자기중심적인 사람은 일을 못하는 사람이 분명하다.'는 반론이 쏟아질 것 같다. 나도 당연히 제멋대로의 성격에 자신의 상황이나 이익만을 우선시하는 사람과는 만나고 싶지 않고, 그런 인간이 되고 싶지도, 그렇게 여겨지고 싶지도 않다. 그러나 감히 단언한다.

"톱 비즈니스맨은 자기중심적(자기주도적)이다."

단, 여기서 표현하는 '자기중심적'이란 세상 사람들의 선입견과는 근본적으로 다르다.

톱 비즈니스맨은 결코 자신의 상황이나 이익만을 생각해서 상대에게 상처를 입히거나 불이익을 주지 않는다. 오히려 상대방의 입장을 배려하고 판단하기 때문에 커뮤니케이션 능력이 뛰어나다.

톱 비즈니스맨은 독선적이거나 막무가내로 밀어붙여 상대방을 곤란하게 하지 않는다. 그런 의미에서는 자기중심적이라고 말할 수 없을지도 모른다.

그렇다면 톱 비즈니스맨은 어떤 부분이 자기중심적인 것일까?

사실 대부분의 톱 비즈니스맨은 자신이 얻고 싶고 달성하고 싶은 것, 즉 원하고 바라는 것이나 목표에는 매우 탐욕스럽기 때문에, 가끔은 자기중심적으로 보일 만한 언동을 한다.

'일을 통해 고객과 회사에 공헌하고 싶다.'

'목표를 달성해서 자아실현을 하고 싶다.'

'내가 이상적으로 여기는 라이프스타일을 실현하고 싶다.'

이 같은 인생의 목표를 달성하고 미션을 이뤄 내는 것을 우
선시하기 때문에 커다란 의미에서 자기중심적이라고 말할 수
있는 것이다.

02

자기중심적인 사람은
목표가 확실하다

사람들에게 유능하다고 평가받는 대부분의 경영자 역시 자기중심적이라고 볼 수 있다. 장기적으로 매출을 늘리고 우수한 사원을 키워 고객에게 좋은 평가를 받는 경영자들은 자신이나 자사의 이익만 우선시하지 않는다.

만약 자신이나 자사의 이익만을 우선해서 경영하고 있다면 단기적인 성공을 얻을 수는 있어도 장기적인 성공을 이끌어 내는 것은 어려울 것이다.

자신의 이익만을 우선해 사원을 장기판의 말처럼 다루는 경영자는 다른 이의 반감을 사기 때문에 결과적으로 사원의 내적 동기를 현저히 떨어뜨리게 된다. 자사의 이익만 추구하고 고객의 기대를 배신한다면 그 회사의 상품이나 서비스는 점차

외면당할 것이다. 또한 거래처나 협력 회사를 무시하며 자사의 입장만 밀어붙인다면 훗날 생각지도 못한 앙갚음을 당하게 될지도 모른다.

세상에는 다양한 타입의 경영자가 있다. 성공하는 경영자의 대부분은 고객, 사원, 거래처 등 회사를 둘러싼 모든 관계자를 배려하고 행동하는 사람이라고 할 수 있다. 그렇기 때문에 많은 사람의 협력을 얻어 회사를 성장시킬 수 있는 것이다.

한편 그런 경영자들도 자신이 성취하고자 하는 목표에 대해서는 탐욕스러울 정도로 집착하는 부분이 있다. 예를 들어 '자사의 사업을 통해 사회나 고객을 행복하게 하는 것'을 최종 목표로 삼은 경영자는 그 목표나 계획을 달성하기 위해 온갖 노력을 기울인다.

특히 성공한 벤처기업의 경영자 등은 잠자는 시간도 아끼며 비즈니스에 전력을 쏟는다. 그들은 자기희생도 두려워하지 않고 주위 사람들의 말에 흔들리는 일도 없다. 하고 싶은 일이 있다면 끝까지 해낸다.

과격하게 말해 그들은 목표를 달성하기 위해 수단과 방법을 가리지 않는다. 물론 범죄에 가까운 불법을 행하거나 누군가를 함정에 빠트린다는 의미가 아니라 인맥을 최대한으로 활용하거나 필요한 사전 준비를 하고 서툰 일은 전문가에게 부탁하는 등 목표에 도달하기 위해 필요한 모든 방책을 동원한다.

그런 행동은 견해에 따라서는 자기중심적으로 비춰질 수도 있다. 그러나 그것은 주위 사람에게 피해를 끼치는 자기중심적인 것이 아니라 자신이 손에 넣고 싶은 것, 달성하고 싶은 목표나 계획에 대해 집중하는 것뿐이다.

03

자기 일에 **집중**하는 **사람**이
매력적이다

세계를 무대로 활약하는 스포츠 스타 중에도 자기중심적인 사람이 적지 않다. 예를 들어 일본의 대표 축구선수인 혼다 게이스케 선수도 목표에 집중하는 자기중심적 인물이라고 할 수 있다.

그는 앞으로 세계 최강 클럽 중 하나인 스페인의 레알 마드리드 팀에서 '에이스 넘버 등번호 10을 달겠다'고 호기롭게 공언해서 빅 마우스로 알려졌다. 일본인 선수가 레알 마드리드 같은 빅 클럽에서 에이스 대우를 받은 적은 없었으니 현실적으로 어려운 일이다.

그러나 그는 인터뷰를 할 때마다 '레알 마드리드에서 10번을 달겠다'고 선언해 왔고 그런 기회를 위해 남아프리카 월드컵에서 네덜란드, 러시아 등의 해외 리그에 홀로 뛰어들었다. 주위에서 뭐라고 하든지 그는 오로지 자신의 목표 달성에만 집중했다.

그리고 남아프리카 월드컵에서 보여 준 활약으로 일약 세계가 주목하는 축구 선수가 되었다. 현시점에서는 레알 마드리드로 이적하지 못했지만, 목표 달성에 매우 가깝게 접근했다고 할 수 있다.

필자 역시 지금까지 쌓은 비즈니스 커리어를 돌아보면 항상 자기중심적으로 일해 왔다고 할 수 있다. 내가 항공회사에서 근무할 때의 이야기를 해보겠다.

30대 중반 즈음, 어떤 일이 하고 싶어서 한 프로젝트에서 리더 역을 맡았다. 그것은 항공기 선정 프로젝트로, 한마디로 항공기 구입 교섭을 하는 일이었다. 고객의 관점에서 항공기를 주문 제작customize하고 메이커와 절충하는 등 2년여의 대형 프로젝트였다.

과장급이었던 나는 각 부서의 멤버로 구성된 30명 정도의 팀을 이끌게 되었다.

당시 내 커리어나 경험에서 보면 큰 도전이라고도 할 수 있었지만, 무슨 일이 있어도 꼭 하고 싶은 일이었기 때문에 스스로 나선 것이다. 마음속 깊은 곳에서 하고 싶다고 소리치는 일을 할 수 있다면 그 일을 해내기 위해 모든 어려움을 헤치고 앞으로 나아가야 한다.

나는 목표를 달성하기 위해서는 이렇게 해야 한다며 거의 막무가내로 밀어붙였다. '이렇게 했으면 좋겠다, 저것을 하고 싶다'며 계속해서 멤버들을 끌고 나아갔다. 당시의 나는 반드시 성공할 수 있다고 굳게 믿고 있었다.

지금 돌아보면 내가 멋대로 휘둘렀구나 싶어 반성하는 부분도 있지만, 프로젝트를 진행할 당시에는 바라던 일을 하고 있다는 충만함에 들떠 있었다.

나는 하루 종일 일에 대해 생각했고, 트러블이 생겨도 해결을 위해 과감한 도전을 시도할 수 있었다. 결과적으로 프로젝트는 기대했던 성과를 올릴 수 있었다.

그때의 나는 프로젝트의 성공이라는 목표를 향해 원하는 일을 마음껏 하고 있었다. 따라서 동료 멤버에게 일을 맡기고, 부탁하면서 부담을 준 것도 사실이다. 그러나 실현하고 싶은 일이나 달성하고 싶은 목표에 대한 한결같은 열정과 자기중심적인 모습은 시간이 갈수록 주위의 호감과 동의를 얻게 된다.

열심히 목표를 향하는 사람의 열정의 온도가 상대방의 마음도 뜨겁게 하는 것이다. '이 사람은 이렇게 전력을 다해 해내려고 하는구나.'라고 느끼게 되면 그 사람에게 손을 내주고 싶은 것이 사람의 심리다. 게다가 해야 할 일에 온전히 몰두해서 올리는 성과를 보며 주위 사람들의 평가는 저절로 올라간다.

간절한 소망이나 목표에 집중하는 사람은 주위 사람들의 협력을 얻기도 쉬워진다. 이로 인해 성공에 한 발 더 가까이 가게 되고, 최종적으로 '리더십 있는 사람'으로 평가받는다.

진정으로 하고 싶은 일을 하고 있으면 자기중심적인 자세가 그 사람의 매력이 되는 것이다.

반대로 명확한 목표가 없이 자기 위주의 모습을 보인다면 말 그대로 자기중심적으로 보일 것이다.

'상사가 하라고 하니까, 내가 원하는 일은 아니지만 어쩔 수 없이 하고 있다'는 자세로 일하고 있다면 주위 사람들은 그를 따르지도 않고 힘도 빌려 주지 않을 것이다.

마지못해 일하는 사람은 '스스로 하는 게 귀찮으니까, 편해지고 싶어서' 다른 사람에게 일을 맡기거나 부탁하기 때문에 주위에 '자신의 이익만 계산하는 사람'으로 비치게 될 수 있다.

04
자기중심적인 사람은
'내가 빛나는 곳'을 안다

일반적으로 사람은 동기부여가 높아지면 성과도 높일 수 있다. 하고 싶은 일이 있으면 다양한 아이디어가 떠오르면서 시간도 잊고 몰두하게 된다. 때로 곤란한 문제에 부딪혀도 좌절하지 않고 다시 도전할 수 있다.

톱 비즈니스맨이 되고 싶다면 동기부여를 높이는 것이 지름길이다.

자기중심적인 사람은 목표 면에서 자신의 동기부여를 최대화할 수 있는 요인과 장소를 알고 있다. 무엇에 주력하고, 어떤 장면에서 누구와 함께 일하면 동기부여를 더욱 높일 수 있는지 알고 있다. 그래서 '자신이 빛나는 장소'를 스스로 만들어 낼 수도 있다.

자신이 빛나는 곳을 만들어 내면 시간을 잊고 즐겁게 일에 몰두할 수 있다. 문득 정신을 차리고 보면 어느새 그 일을 생각하고 있거나 그와 관련된 행동을 이미 하고 있다. 이렇게 될 수 있다면 주위의 기대나 평가도 높아지고, 이것은 다시 긍정적인 효과로 의욕을 높여 주며 공격적으로 일에 몰두할 수 있게 만든다.

이러한 과정을 통해 나온 좋은 결과 때문에 주위의 평가는 더욱 올라가게 될 것이다. 스스로 빛나는 장소를 만들어 내면 이러한 플러스 순환이 계속해서 일어나게 되는 것이다.

나의 항공회사 프로젝트의 예도 이런 플러스 순환이 일어난 사례인데, 대부분의 톱 비즈니스맨은 스스로 플러스 순환을 만들고 있다.

단, 자신이 빛나는 장소라는 것은 그 사람의 라이프스타일, 가치관과 연결되어 있기 때문에 정답도 가지각색이다. 100명이 있다면 100가지의 빛나는 장소가 있는 것이다.

전에 나와 같은 회사에서 일했던 동료 B씨의 예를 들어 보겠다.

B씨는 항상 정열적으로 일에 몰두하는 사람으로 비즈니스나 사생활 모두 매우 충실한 것처럼 보였다. 그야말로 자신의 목표에 집중하는 타입으로 나의 동경의 대상이었다.

그런데 B씨가 중심이 되어 진행한 프로젝트가 경영진의 반대에 부딪혀 중단되게 되었다. 모든 것이 B씨의 책임이라고 얘기할 상황은 아니었지만, 타사의 관계자까지 말려들게 된 상황에 책임을 느낀 B씨는 회사를 그만두기로 결심했다. 지금까지 피땀으로 쌓아 온 커리어를 중단하는 결단도 쉬운 일은 아니었다.

그 후 B씨는 가업을 이어 절의 주지가 되었다. 그동안의 비즈니스와는 전혀 다른 일임에도 불구하고 B씨는 주지의 일을 훌륭하게 해냈고 지금은 회사원 시절보다 더욱 충실한 인생을 살고 있다. 승복을 입은 그의 숭고한 자세도 제법 그럴듯해졌다.

돌이켜보니 B씨는 회사원 시절부터 감탄할 만한 이야기를 자주 들려주곤 했다. 주지 스님이야말로 그가 정말 잘하고 원하는 일이었을지도 모른다.

책임감 때문에 회사를 그만둔 B씨는 주위에서 보면 자기중심적인 사람일지도 모른다. 그러나 B씨는 자신이 어디에서 더욱 빛나는지를 잘 알고 있었다고 생각한다. 그는 무거운 마음으로 회사에서 계속 일하는 것보다 가업인 주지의 일을 잇는 것이 자신이 지향해야 할 충만한 생이라고 확신하고 있었을 것이다.

또 한 사람, 내가 연수를 하면서 만난 여성 회사원 C씨의 이
야기를 해보자.

C씨는 제약회사에서 일하는 연구원이다. 직업상 논리적이고
과학적인 발상을 하는 사람으로 일에 대한 의식 수준도 높고,
확실한 결과도 내놓고 있었다.

그런 그녀에게 스스로 정한 규칙이 있었다. 주말에는 봉사
활동을 하는 것. 예전에는 주말에 일하는 경우도 많았지만, 이
제부터라도 자신이 꼭 하고 싶은 봉사를 우선시하기로 결심한
것이다. 그녀는 봉사활동을 통해 마음이 깨끗해지는 만족감과
보람을 얻을 수 있다고 한다. 그렇다고 해서 회사의 일을 소홀
히 하지도 않았다. 오히려 예전보다 더 큰 책임감을 갖고 몰두
했다.

C씨 역시 자기 목표나 결정에 자기중심적인 사람이라고 말
할 수 있다. 자신의 일과 봉사활동 모두에 열심히 임하고 있는
그녀는 자기가 어디에서 빛나는지를 알기 때문에 양쪽 모두에
서 자기중심적일 수 있었다.

B씨와 C씨의 예에서 알 수 있듯이, 빛나는 사람은 지금 하
고 싶다고 생각하는 것을 바로 실행에 옮긴다. 그리고 자신의
소망이나 목표에 도달하기 위해 자신이 지닌 모든 힘을 쏟아
붓는다.

이제 스스로 자문해 보길 바란다.

당신이 빛날 수 있는 곳은 어디인가?

당신은 그 빛나는 곳을 위해 자기중심적인 행동을 취하고 있는가?

05

마음의 문을 열면
자기중심적이 된다

만약 지금 빛나는 곳에 서 있지 않다고 생각하는 사람들은 어떻게 해야 할까?

안타깝게도 빛나는 장소를 금세 발견하는 마법의 주문이나 간단한 테크닉은 없다.

'나는 어떤 인간인가, 나는 무엇을 하고 싶은가?'를 철저하게 자문자답하고 '이런 것을 하고 싶다'는 미션을 찾을 수밖에 없다.

다만 약간의 의식 전환으로 빛나는 곳을 찾는 여정을 조금 쉽게 할 수는 있다.

우선 '나는 정말 하고 싶은 일을 하고 있는가?'라고 자문해 보자. 빛나기는커녕 어두워지고 있다고 생각하는 사람이라면 아마 '하고 싶은 일을 못하고 있다'고 대답할 것이다.

이들 대부분은 자신의 마음 깊은 곳에 있는 생각이나 정열 위에 무거운 뚜껑을 덮어 두고 있는 것이다. 즉 하고 싶은 일이 있어도 의식이 그 실행을 막고 있는 것이다.

다음과 같은 의식이 자신의 마음에 브레이크를 걸고 있지는 않은지 점검해 보자.

- 실패하고 싶지 않다.

- 리스크를 감수하고 싶지 않다.

- 주위의 나쁜 평판을 듣고 싶지 않다.

- 남들보다 두드러지고 싶지 않다.

이런 무의식에 눌려 있는 사람은 실패를 너무 두려워하거나 주위의 시선을 신경 쓰기 때문에 자기중심적인 행동을 취할 수 없다.

물론 조직 안에서 일을 하다 보면 인간관계의 문제나 딜레마도 존재할 것이다. 모난 돌이 정 맞는다고 걱정스러울 수도 있다. 자신이 하고 싶은 일에 지나치게 집착하면 수입이나 주위의 평가가 나빠지고 출세에 악영향을 끼칠 가능성도 있다. 조직이 크면 클수록 이런 경향은 강해진다. 나도 큰 조직의 사원으로 일했던 경험이 있어서 그런 마음을 잘 알고 있다.

그러나 주위를 지나치게 신경 쓴 나머지 하고 싶은 일을 못하는 상태에 빠져 버린다면 누구를 위한 배려란 말인가? '이럴 마음은 아니었다, 회사는 나를 제대로 평가해 주지 않는다.'라고 나중에 한탄해 봤자 뒤늦은 후회일 뿐이다. 당신이 빛나는 무대를 만드는 것은 회사가 아니라 당신 자신이다.

자신의 생각이나 정열 위에 뚜껑을 덮어 버린 사람은 다음과 같은 질문을 던져 보자.

'자신의 희망이나 목표 달성을 방해하는 것이 아무것도 없다면, 무엇을 할 것인가?'

자신의 희망이나 목표를 향한 행동을 하는 데 걸림돌이 전혀 없다고 가정해 보자.

사람은 어떻게 해서든지 '안 되는 이유'를 찾아서 변명을 하는 경향이 있다. 그러니 반대로 이런 안 되는 이유가 전혀 발생하지 않는 상황을 상상해 보면, 자신의 행동을 막고 있던 마음의 뚜껑이 열리면서 본래 하고 싶은 일과 지금 해야 할 일이 뚜렷해지기 시작하는 것이다. 이것들이 명확해진다면 다음은 자기중심적으로 행동하기만 하면 된다. 자, 이제 빛나는 자신을 향해 한 걸음 다가선 것이다.

06

하고 싶은 일을 주위에 말하면
목표에 가까워진다

자신의 소망과 목표가 명확해지고, 자신이 해야 할 일을 알게 되었다면 자기중심적으로 힘차게 나아가야 한다.

이때 포인트가 되는 것은 자신이 하고 싶은 일과 이루고 싶은 꿈을 주위 사람들에게 알리는 것이다. 예를 들어 '이런 프로젝트를 하고 싶다, 이런 포지션에서 일하고 싶다.'라고 상사와 동료 등에게 선언하는 것이다.

주위에 자신의 꿈이나 목표를 전하지 않으면 현실적으로 그것을 실행하기 어렵고, 실현시킨다고 해도 오랜 시간을 필요로 한다. 자기 혼자서 달성할 수 있는 희망이나 목표는 거의 없기 때문이다. 특히 조직에 속해 있다면 경영진이나 상사, 동료, 부하 직원 등의 이해나 지지가 없이는 불가능하다.

일하고 싶은 포지션이 있어도 상사가 그 희망을 모른다면 전혀 바라지 않는 포지션으로 보낼 수도 있다. 하고 싶은 프로젝트가 있어도 하고 싶다는 의사 표시를 하지 않으면 아무리 기다려도 편입되지 않는다.

개인 사업을 시작한 사람도 마찬가지다. 1인 비즈니스도 있지만, 대부분의 비즈니스가 다양한 회사나 사람과 같이할 때 더 크게 확장될 수 있다.

나는 회사원 시절에 상사에게 '이런 포지션에서 일하고 싶다, 이런 일을 하고 싶다'고 기회가 있을 때마다 전달해 두었다. 때로는 직접 상사에게 그 일을 하게 해달라고 부탁한 적도 있었고, 프로젝트 성공을 위해 힘을 빌려 달라는 사전 공작 비슷한 일을 한 적도 있다.

당시는 주위를 의식했다기보다 희망과 목표를 달성하기 위한 선결 조치를 나름대로 취하고 있었던 것이다. 하지만 이제는 확실하게 말할 수 있다. 주위의 힘을 빌릴수록 꿈과 목표의 실현 가능성은 훨씬 더 높아진다.

내 경험을 하나 얘기하겠다. 한번은 내가 일하고 있던 층에 한 임원이 다른 업무 때문에 왔다가 "노구치 군 있나? 전에 그 일을 꼭 해보고 싶다고 했지?"라고 내게 말을 걸었다. 또 다른 임원은 나의 직속 상사에게 "이번 회의에 노구치 군과 출석해 주었으면 하네."라고 전화를 했다. 평상시에 임원들에게 내 생각과 정보를 전달했기 때문에 더욱 신경을 써준 것이다.

꼭 하고 싶다는 열정을 조직에 전해 두면 스스로 빛날 수 있는 무대가 조금씩 가까워진다. 반대로 주위에 알리는 것을 게을리 한다면 누구도 나에게 관심을 보여 주지 않는다.

흔히 회사원들끼리 '조직의 톱니바퀴'라는 말을 자조적으로 쓴다. 많은 사람들이 이 말을 진심으로 받아들여 스스로 조직의 톱니바퀴라고 인식하는 것 같다. 그러나 경영진이 진정으로 원하는 것은 톱니바퀴가 아니다. 톱니바퀴를 만들 수 있는 인재가 없다면 회사는 기능적으로 움직이지 않는다.

현재 자신이 하고 있는 일과 정말 하고 싶은 일이 너무나 다른 사람도 많을 것이다. 그렇다고 가만히 앉아서 '회사는 또는 사회는 자기를 너무 몰라준다.'고 불평만 토로해 봤자 상황은 전혀 바뀌지 않는다.

예를 들어 현재 영업부의 일을 하고 있지만 사실은 기획마케팅 일을 하고 싶은 경우 '마케팅 일을 하고 싶다'고 상사에게 어필할 필요가 있다.

이때 영업사원이 해야 할 일을 하지 않고 '마케팅이 하고 싶다'고 외치기만 한다면 그것은 나쁜 의미로 자기중심적인 것이다. 주위 사람들에게 폐를 끼치게 되고, 당신의 희망을 들어 줄 사람은 없어질 것이다.

영업부의 일도 잘하면서 마케팅 전략에 대한 리포트를 써서 상사에게 제출해 보자. 마케팅부서와 영업부의 업무에 적극적으로 손을 대보자.

정말 마케팅 일이 하고 싶다면 이런 확장을 하고 있을 때의 당신은 빛날 것이다. 열정적인 당신을 보면 상사도 '마케팅 일을 시켜 볼까, 부서 이동을 검토해 볼까?'라고 생각하게 될 것이다. 이런 자기중심적 행동은 회사나 조직의 입장에서도 크게 환영할 만한 일이다.

다른 이에게 폐를 끼치는 자기중심적 사고는 빈축을 사지만, 희망이나 목표에 대한 자기중심적 사고는 든든한 아군과 협력자를 얻을 수 있다.

개인 생활도
우선순위에 두자

톱 비즈니스맨은 개인의 생활도 소중하게 여긴다. 필요하다면 가족과 보내는 시간을 쪼개 취미 생활이나 자기 투자 시간도 확보한다.

그렇다고 일을 소홀히 하는 것은 아니다. 일은 제쳐 두고 가족이나 친구와 더 많은 시간을 보내거나 부진한 성과에도 자기 취미에 더 열을 올리는 것은 비즈니스맨의 기본을 갖추지 못한 것이다.

놀라운 성과를 내는 톱 비즈니스맨은 개인의 생활도 빠짐없이 챙긴다. 그렇지 않으면 부담이 가중되어 마음 한구석이 허전해지고 업무 집중력도 떨어진다. 업무 중에도 개인의 현안이 머릿속을 맴돌아 일이 손에 잡히지 않는다. 자기 생활에 성실하지 못하면 일에도 소홀해지게 된다.

그렇기 때문에 톱 비즈니스맨의 경우 때로는 자기 생활을 우선시하는 경우가 있다. 예를 들어 장기 휴가를 얻어 가족 여행을 가거나 봉사 활동을 한다. 삶의 우선순위는 사람마다 다르지만, 중요하고도 급한 일은 꼭 선결해야 하는 것이다.

이런 선택은 자신의 형편을 우선시하기 때문에 주위에서 이기적이라고 오해하기도 한다.

그러나 프라이버시를 우선시하는 사람은 어디까지나 자기 일의 목표를 달성하고 좋은 성과를 내기 위해 자기중심적인 행동을 취하는 것이다. 주위에 해가 되지 않는 한 그들의 행동은 꿈과 목표에 대한 집중이라고 할 수 있을 것이다.

나는 예전에 일이 끊임없이 계속되면서 세 살 된 아이와 1주일 정도 충분히 놀아 주지 못한 게 계속 마음에 걸린 적이 있었다. 그래서 어느 날, 그날 역시 하루 종일 일이 잡혀 있었지만 점심시간에 잠시 사무실에서 나와 아이와 함께 공원에서 놀았다. 아이는 무척 즐거워했다. 나와 아이 둘 다 그 시간을 통해 그동안 마음속에 걸려 있던 응어리를 해소할 수 있었다. 그 후 일에 더욱 집중할 수 있었던 것은 두말할 필요도 없다.

나는 연간 계획을 짤 때 가족의 생일, 결혼기념일, 가족여행 등 중요한 이벤트는 사전에 스케줄에 넣어 둔다. 그날에 일이 겹치지 않도록 시간을 비워 두려는 것이다. 가족과의 이벤트를 챙기지 못하면 마음에 부담이 되어 일에 집중할 수 없다.

　주위에서는 자기중심적이라고 볼 수도 있겠지만 나는 앞으로의 일정을 우선하게 된다. 장기적으로 볼 때 그런 자기중심적인 행동은 필요 불가결하다고 말할 수 있다.

톱 비즈니스맨은
자신이 **잘할 수 있는 일만** 한다

톱 비즈니스맨은 자신이 잘할 수 있는 일에만 집중한다. 이렇게 말하면 '이 얼마나 자기중심적이란 말인가!'라고 생각하는 사람이 있을지도 모르겠다.

그러나 이는 현실적인 문제다. 자신이 잘할 수 없는 일이나 익숙하지 않은 일에 아무리 공을 들여도 남보다 나은 결과는 나오지 않는다. 예를 들어 기획을 잘하는 마케터라고 해서 영업에서도 뛰어난 성과를 보장하기 어렵다. 잘 되지 않는 영업에 매달려 있다 보면 기획에 쏟는 시간이나 집중력도 줄어들고 결과적으로 기획력까지 떨어질 수밖에 없다. 즉 승리가 불가능한 무대에서는 아무리 노력해도 이길 수가 없다.

톱 비즈니스맨은 자신이 잘하는 무대로 주위 사람들을 끌어들인다. 기획을 잘한다면 영업이나 경리 등의 업무 대신에 기획에 주력할 수 있는 환경을 만들어 낸다. 그리고 영업이나 경리는 다른 직원에게 맡기거나 아웃소싱을 하는 등 현명한 선택과 배분을 할 것이다.

이 또한 자기중심적인 행동으로 보일 수 있지만, 자신이 빛나는 무대에서 뛰어야 꿈과 목표까지 최단 거리로 도달할 수 있기 때문이다.

이와 함께 톱 비즈니스맨은 자신이 활약할 수 있는 무대를 확장하는 일에도 최선을 다한다. 자신의 무대가 작고 외진 곳에 있다면 거기까지 올라오려는 사람도 많지 않을뿐더러 기회도 줄어든다.

자신이 활약할 수 있는 무대는 되도록 크고 많은 사람이 모일 수 있는 장소에 만드는 것이 이상적이다. 그렇게 되면 일이 많아지고 문제가 일어나도 다양한 선택을 할 수 있다. 불가능한 것을 가능하게 하는 것 역시 톱 비즈니스맨의 조건이 되기 때문이다.

물론 자신이 서툰 분야라도 기초부터 공부하거나 새롭게 스킬을 습득하는 것 역시 자기의 영역(지경)을 넓히는 방법 중의 하나다. 그런 열정과 노력은 부정할 수 없다. 그러나 아무리 노력해도 무슨 일이든지 100% 해낼 수 있는 전지전능한 사람은 없고, 그것을 모두 습득하는 것은 아무리 시간이 많아도 불가능한 일이다.

자기 무대를 넓히기 위해 다른 이의 힘을 이용하는 것도 효과적이다. 비전문 영역은 전문가에게 부탁하거나 도움을 구하는 것도 자기가 컨트롤할 수 있는 분야가 늘어나는 것이다.

예를 들어 어떤 프로젝트를 위한 홈페이지를 만들 필요가 있다고 하자. 이때 스스로 일일이 프로그래밍 언어를 공부해서 만들어 내는 것은 막대한 낭비다. 홈페이지 제작자에게 맡기고 자신의 무대를 더욱 넓혀 가는 것이 현명하다.

톱 비즈니스맨은 꿈과 목표를 달성하기 위해서 불가능한 이유를 찾지 않는다. 어떻게 하면 가능하게 할 수 있을지를 생각해서 스스로 할 일은 하고 타 업체에 맡길 일은 맡긴다는 판단을 신속하게 내린다. 외주를 주거나 남에게 부탁하는 것이 자기중심적으로 보일 수도 있다. 그러나 과제나 문제를 혼자 끙끙 앓고 고민하다가 시간도 잃고 평가도 낮아지는 초라한 결과를 볼 수는 없다.

톱 비즈니스맨은 왜 매일 같은 일을 반복하는 걸까?

01

톱 비즈니스맨은
매일 **변화**가 넘친다?

혹시 퇴근하면서 "아아, 오늘도 어제와 다를 바 없는 하루였네."라고 투덜거리면서 집에 들어오는가?

매일 같은 일만 반복하느라 '어차피 난 커다란 기계의 작은 톱니바퀴에 지나지 않는다.'며 비굴한 기분으로 회사를 다니고 있는 사람에게 톱 비즈니스맨의 하루하루는 아래의 이미지처럼 변화가 많고 새로운 것들로 가득해 보일 수도 있다.

- 전 세계 또는 전국을 날아다니며 활약한다.

- 늘 새로운 프로젝트를 시작한다.

- 창조적인 재능을 발휘해서 주위 사람들을 감동시킨다.

- 다양한 업계의 사람들과 폭넓게 교류한다.

혹시 톱 비즈니스맨에 대해 이런 인상을 가지고 있는가? 물론 틀린 것은 아니다. 확실히 대부분의 톱 비즈니스맨은 변화가 풍부하고 자극적인 매일을 보내고 있다.

그러나 오해하지 말아야 될 것은 어디까지나 '일의 결과'로서 이 같은 하루하루가 되었다는 점이다. 자신이 좋아하는 일, 하고 싶은 일을 자기중심적일 정도로 끝까지 해내서 스스로 빛나는 무대를 계속 만들어 나가기 때문에 언제나 같은 일의 반복이니, 재미가 없다는 푸념을 늘어놓지 않는 것이다.

그런데 사실 이들도 매일 단조롭게 반복되는 일들을 소중히 여긴다는 사실을 알고 있는가? 모순된 이야기 같지만, 매일 같은 일을 성실하게 반복했기 때문에 비로소 변화무쌍하고 다양한 일을 할 수 있게 된 것이다.

이제 그 이유를 자세히 알아보자.

02

의지가 강한 사람이
톱 비즈니스맨이다?

일에는 목표나 계획이 수반된다. 또한 이들을 설정하고 실현해 나가는 것이 비즈니스맨의 중대한 미션이라고 할 수 있다.

그러나 대부분의 목표나 계획은 간단히 달성할 수 있는 것이 아니다. 다양한 위험과 과제 그리고 예상치 못한 트러블이 목표로 가는 길을 가로막는다.

톱 비즈니스맨은 한번 하겠다고 정한 목표나 계획은 무슨 일이 있어도 끝까지 해낸다. 도중에 내팽개치거나 소소하게 부는 바람에 좌절하거나 한눈을 팔지 않는다. 자신이 바라는 결과를 손에 넣기 위해 마지막까지 집중하고 포기하지 않는다.

그렇다면 목표나 계획을 실현해 내는 사람과 도중에 좌절하는 사람은 무엇이 다른 걸까?

이런 질문을 하면 '목표나 계획을 성취하는 사람은 의지가 강하기 때문에 가능하다.'라는 대답을 자주 듣는다.

물론 '해내고야 말겠다'라는 의지가 약한 사람은 트러블이 생기거나 기대했던 성과가 나오지 않으면 쉽게 포기해 버리는 경향이 있다. 흥이 나지 않으니 일을 지속하기가 힘든 것도 사실이다.

그럼 의지가 강하면 일이나 행동을 지속할 수 있을까? 꼭 그렇지만도 않다. 예를 들어 당신은 이런 경험을 한 적이 있을 것이다.

- 다이어트를 위해 매일 3km의 조깅을 하기로 결심했다가 작심삼일이 됐다.
- 일찍 일어나서 아침 시간을 효과적으로 활용하려고 했지만 계속하지 못했다.
- 영어 회화를 연습하려고 책을 샀는데 반도 보지 못하고 그만뒀다.

자신이 하고 싶은 것을 시작하거나 목표를 달성하기로 결정했을 때는 모티베이션이 매우 높아져 있는 상태다. 이 시점에서는 이번에야말로 꼭 해내겠다는 의지와 의욕이 불타오른다. 그런데 현실에서는 약간의 걸림돌에 걸려 쉽게 좌절하게 된다.

'비가 오니까 오늘은 뛰지 말아야겠다.'

'어제 야근하느라 늦게 잤으니까 오늘은 일찍 일어나지 않아도 돼.'

'이번에 사온 영어책이 어려웠어. 다른 책으로 다시 사야지.'

이런 핑계와 이유를 붙여서 도중에 그만둔다. 확실한 의지를 갖고 있어도, 의욕이 넘쳐나도 장기간에 걸쳐 무언가를 계속 꾸준하게 하는 일은 상당히 어렵다.

만약 이 모든 것이 의지나 의욕으로 해결될 문제라면 별로 내키지 않는 일이나 목표에는 결과물을 내놓을 수조차 없을 것이다. 게다가 비즈니스란 자신이 좋아하는 일이나 하고 싶은 일만 할 수도 없는 법이다. 아무리 의지가 강한 사람이라도 변화무쌍한 감정을 가진 인간으로서 모든 목표나 계획을 달성할 수는 없다.

물론 강한 의지는 목표나 계획 달성을 위한 원동력이 된다. 단기간에 목표를 성취해야 할 때는 그 효과를 최대한 발휘할 수도 있다. 그러나 강한 의지가 모든 계획이나 목표를 달성할 수 있는 것은 아니다. 의지가 만능은 아닌 것이다.

03

마음을 바꿔야
행동이 바뀐다

목표나 계획을 달성하는 톱 비즈니스맨은 무엇이 남다를까?

결론부터 말하자면 그들은 '자신을 신뢰하기 위해서는 어떻게 해야 좋을까?'를 알고 있다. 즉 자신에 대한 신뢰를 쌓아 올리는 능력이 뛰어난 것이다. 다소 추상적인 말처럼 들릴 수 있으니 하나씩 풀어 보자.

우선 잘나가는 사람이란 자신이 바라는 결과를 만들어 내는 사람이다. 자신이 세운 목표나 계획을 실현할 수 있는 사람이라고 바꿔 말할 수도 있을 것이다.

그렇다면 결과는 어디에서 생겨날까? 바로 행동이다. 목표나 계획을 달성하기 위해서는 구체적인 행동이 수반되어야만 하는 것이다.

그렇다면 '적절한 행동'은 어디에서 생겨나는가? 그것은 사고방식이나 가치관, 신념, 의식과 같은 마음에서 나온다. 어떤 마인드를 갖고 있는가, 어떤 생각으로 일을 하고 있는가?

사람의 마음자세와 상태에 따라 행동은 바뀌게 되고 그 뒤에 따라오는 결과도 변하게 되는 것이다. 즉 모든 일의 결과는 다음과 같은 메커니즘에 따라 자연스럽게 따라오는 것이라고 생각할 수 있다.

• 마음 → 행동 → 결과

결과를 바꾸고 싶으면 행동뿐만 아니라 마음가짐부터 바꿔야만 하는 것이다. 목표나 계획을 달성하기 위해서 계획 세우기에 열심인 사람이 있다. 다이어트를 예로 들자면 '체중을 5kg 줄이기 위해서 어떻게 해야 할까?'라는 생각에서 '매일 3km의 조깅을 하면 뺄 수 있다.' 같은 행동으로 즉각 옮긴다.

마음속에 확고하게 정착되지 못한 행동은 뿌리가 충분히 땅속으로 뻗어 내리지 못한 식물과 똑같다. 이들은 문제나 고통과 같은 약한 비바람에 바로 져버린다.

조깅이라는 행동을 지속시키고 가뿐한 몸이라는 결과를 얻기 위해서는 우선 마음이 흐트러지지 않아야 한다.

04

잠재의식에 주문 걸기:
나는 할 수 있다

목표나 계획을 달성하기 위해서는 우선 마음에 주목해야 한다. 그 첫걸음이 바로 자신에 대한 신뢰를 쌓는 것이다. 자신에 대한 신뢰라는 마음이 결여되어 있으면 목표 달성이라는 결과를 얻기 위한 행동이 흔들리게 된다.

자신에 대한 신뢰라는 것은 '나는 한번 하겠다고 정한 일은 이유를 불문하고 반드시 할 수 있는 사람'이라고 스스로 주문(자기암시)을 거는 것이다. 즉 잠재의식 속에 '반드시 할 수 있다'는 인자를 계속 입력하는 것이다.

톱 비즈니스맨은 목표나 계획을 세우면 반드시 해낸다. 그들은 보통 사람들보다 강한 의지를 가진 것이 아니라 무의식 속에서도 목표나 계획을 달성하기 위한 행동을 하고 있다. 이 행동을 지탱해 주는 것이 바로 '반드시 목표와 계획을 달성할 수 있다'는 자신에 대한 신뢰다.

그럼 어떻게 잠재의식 속에 나는 할 수 있다고 입력할 수 있을까?

그전에 '잠재의식'에 대해 간단히 설명해 보겠다.

잠재의식潛在意識이란 말 그대로 나의 의식 위에서가 아니라 마음속 깊은 바닥에 잠재되어 있는 것이다. 이와 달리 스스로 의식할 수 있는 것을 현재의식顯在意識이라고 한다. 우리는 보통 현재의식을 이용해서 사물을 판단하거나 선택한다. 마음속은 크게 잠재의식과 현재의식으로 나뉘어 있다고 할 수 있다.

우리가 의식할 수 있는 현재의식은 아주 작은 부분이다. 빙산에 비유하면 바다 위에 얼굴을 내밀고 있는 부분에 지나지 않는다. 바다 속에 잠겨 있는 나머지 대부분을 잠재의식이라고 할 수 있다.

마음속의 큰 부분을 차지하는 잠재의식은 인간의 행동에 커다란 영향력을 미친다. 잠재의식 속에는 과거에 생각한 것, 읽거나 본 것, 체험한 것, 받은 인상, 들은 것 등이 저장되어 있고 뜻밖의 계기로 그것들이 밖으로 나와 평상시의 행동, 사고, 의사 결정 등에 영향을 끼치는 것이다. 즉 잠재의식을 활용하면 잠자고 있는 지식이나 아이디어, 능력 등을 불러내서 생각지도 못한 결과를 얻을 수 있다. 잠재의식은 현재의식의 1만 배의 힘을 갖고 있다고 한다.

톱 비즈니스맨은 목표나 계획을 꼭 성취하겠다는 자기암시를 잠재의식 속에 계속 입력한다. 그렇기 때문에 목표나 계획에 임할 때면 잠재의식 속에 저장된 능력이 튀어나와 무의식중에 실현을 위한 행동을 취하게 되고 바라는 결과를 얻을 수 있다.

05

자기 신뢰 연습

그렇다면 잠재의식을 어떻게 해야 활용할 수 있을까?

톱 비즈니스맨은 '잠재의식은 일의 중요성, 긴급성, 대소 등을 인식할 수 없다.'는 잠재의식의 특징을 잘 알고 있다.

자, 큰 목표와 작은 목표가 있다고 하자. 당연히 큰 목표는 작은 목표보다 시간과 노력을 더 필요로 한다. 그런데 잠재의식 수준에서는 목표의 대소는 문제가 되지 않는다. 큰 목표나 작은 목표나 달성한다는 데서 같은 의미인 것이다. 즉 잠재의식 속에 '나는 이 목표와 계획을 달성할 수 있는 사람'이라고 입력하고 싶으면, 확실히 이룰 수 있는 작은 목표들을 계속 달성하면 된다는 말이다.

아주 사소한 것이라도 100% 달성할 수 있는 것을 3개월 정도 매일 계속한다면 잠재의식은 목표를 달성했다고 여긴다. 즉 잠재의식이 좋은 의미에서 착각을 하는 것이다.

사람들의 조언 중에 '목표를 작게 나누면 큰 목표를 달성하기 쉬워진다.'는 말이 있다. 이렇게 단계를 잘게 잘라 차근차근 밟아 올라가는 것이 목표를 이루는 실천 방법이다. 이것은 '작은 성공 체험'을 거듭하는 것으로 잠재의식에게 목표를 꼭 이룰 수 있다고 격려하는 역할도 한다.

이런 잠재의식의 특징을 활용하기 위해서는 매일, 반드시 달성할 수 있는 목표를 정하고 계속 실천해야 한다. 3개월 동안 매일 계속하면 잠재의식이 '가능하다'고 받아들인다. 이것이야말로 '자신에 대한 신뢰 쌓기'를 위한 과정인 것이다.

매일 실천해야 하는 목표는 사소한 것이라도 상관없다.

- 아침에 일어나서 커튼을 열고 심호흡을 세 번 한다.
- 가족들에게 '좋은 아침'이라고 인사하고 집에 돌아오면 '다녀왔습니다.' 하고 인사한다.
- 출근 전에 거울을 보면서 '오늘도 파이팅!'이라고 다짐한다.

이처럼 아주 작은, 누구라도 할 수 있는 일을 계속하는 것이다. '정말 그 정도 일로도 나아질까?'라는 질문을 할 수도 있다.

나는 눈을 감고도 할 수 있을 만한 아주 간단한 실천을 권한다. 심호흡을 세 번 하는 것 정도라면 감기에 걸려도 할 수 있을 것이다.

단 이 실천을 한 번이라도 거르면 오히려 역효과가 발생할 수 있다. 즉 잠재의식 속에 '난 역시 꾸준하지 못해.'라고 자칫 부정적으로 입력될 수 있다. 자기 자신과의 약속을 지키지 못하면 무엇을 하든 자신을 신뢰할 수 없기 때문에 쉽게 좌절하게 된다.

예를 들어 '매일 복근 운동을 20회 한다.'라는 목표는 권하지 않는다. 복근 운동은 매운 힘이 드는 행위기 때문에 하루만 쉬자고 건너뛰고 싶어질 것이다.

또한 '매일 약속 하나를 잡는다, 매일 기획 아이디어 하나를 낸다.'와 같이 일과 관련된 목표도 적당하다고 할 수 없다. 일은 즐거운 것만 있다고 단정 지을 수 없으며 혹시라도 병이 나거나 상황이 여의치 않을 때는 좌절감을 맛보게 된다.

나는 매일 아침 아내와 아이에게 '좋은 아침'이라고 인사하고 매일 밤 자기 전에 '잘 자'라고 말하는 습관을 들였다. 또한 아내에게 하루에 한 번은 '사랑해'라고 말하고 있다.

이 정도의 행위라면 매일 무리 없이 할 수 있고 덤으로 가족 사이의 커뮤니케이션이 좋아지는 효과도 기대할 수 있다.

목표나 계획을 달성할 수 없어도 '나는 의지가 약해.'라고 침울해 하거나 포기할 필요는 없다. 목표나 계획을 달성하는 힘은 잠재의식 속에 '나는 할 수 있다'는 신뢰감을 심어 주는 훈련을 통해 몸에 배이게 할 수 있다.

그러기 위해서 중요한 것은 작은 일이라도 매일 달성할 수 있는 것을 반복하는 것이다. 이것을 습관화할 수 있다면 목표나 계획을 달성하기 위해 필요한 마음이 준비되고 행동이 바뀌어 커다란 목표까지도 성취할 수 있을 것이다.

06

자기계발서와 세미나는
참고서일 뿐이다

요즘 직장인의 성장을 위한 자기계발서와 자기계발 세미나가 넘쳐난다. 회사에서 또는 개인으로 자기계발서를 읽고 토론하거나 세미나에 참가할 기회도 많을 것이다. 책이나 세미나도 그 사람의 인생을 바꿀 만한 계기가 될 수 있고 여러모로 도움이 될 만한 정보를 얻을 수 있다.

그러나 이들을 잘못 받아들이면 역효과가 나는 경우도 적지 않다. 자기계발서나 세미나를 활용할 때 주의할 것은 거기에서 알게 된 것과 배운 것을 그대로 흉내 내지 않는 것이다.

책을 읽거나 세미나에 참가하는 사람들은 '획기적인 해법을 얻었으면 좋겠다, 지금 바로 쓸 수 있는 비법을 알고 싶다.'라는 막연한 기대를 품고 있다.

책이나 연수의 내용이 그 사람의 일하는 방식이나 입장에 딱 들어맞으면 좋겠지만 타인과 내가 같을 수는 없는 법이다. 저자나 강사가 성공했던 방법이 자신에게도 꼭 들어맞는다고 단정 지을 수는 없다. 오히려 맞지 않는 경우가 대부분이다. 만인에게 공통된 노하우는 세상에 존재하지 않는다고 본다.

따라서 그대로 흉내를 내다 실패하는 경우도 종종 있다. 그 노하우를 자신의 것으로 녹여 내지 못하면 성공할 수 없다는 얘기다.

톱 비즈니스맨은 아는 것, 배운 것을 그대로 흉내 내지 않는다. 먼저 자기 나름대로 정보를 음미한 후에 자신 안에 입력하는 작업을 거친다. 한 발짝 떨어져서 다른 각도에서 생각해 보거나 자신의 환경에 대치해 놓고 효과적인 활용(실천)법을 검토해 본다. 이런 시행착오와 필터링를 거쳐 자신에게 맞는 방법을 찾게 된다.

앞서 설명한 것처럼 결과나 행동은 마음에 따라 달라진다. 책이나 세미나에서 배운 행동을 그대로 옮겨 본다 해도 마음이 동반되지 않으면 결과는 만족스럽지 않을 것이다.

나는 기업에서 연수를 할 때 이렇게 하라, 저렇게 하라는 구체적인 방법을 제시하지는 않는다. 어디까지나 생각하는 방법이나 느낌을 줄 수 있는 재료를 제공하고 각자의 머릿속에서 음미하도록 도울 뿐이다. 이 책 역시 같은 콘셉트로 쓴 것이다.

지금 바로 일상생활에 적용할 수 있는 노하우를 원하는 사람에게는 어쩌면 부족하거나 추상적일 수도 있다. 그러나 여러 번 곱씹어 본 사람들은 '노구치 씨의 얘기를 차츰 실감하게 됐다.'는 소감을 전해 주곤 한다. 그런 사람의 행동이나 결과는 저절로 긍정적인 방향으로 바뀌어 간다.

톱 비즈니스맨은 같은 책을 읽거나 연수에 참가해도 반드시 자기 스스로 생각하고 판단한다. 이런 생각의 반복이 마음에 작용하고 적절한 행동과 좋은 결과로 이어지는 것이다.

아는 것과
할 수 있는 것의 차이

아는 것과 할 수 있는 것은 다르다. 사람들은 자신이 아는 것에 대해 자신은 할 수 있다고 착각하는 경향이 있다. 그렇지만 실제로 해보고는 할 수 없다는 사실에 충격을 받는다.

또한 하고 싶은 것과 할 수 있는 것도 다르다. 사람은 무언가를 하고 싶다고 생각할 때 무엇이든지 할 수 있을 것 같은 기분이 든다. 그러나 실제로는 하고 싶은 것과 할 수 있는 것의 괴리가 크다는 것을 자각하고 충격에 빠진다.

톱 비즈니스맨은 '아는 것과 하고 싶은 것을 할 수 있는 것으로 바꾸는 능력이 있는 사람'이라고 할 수 있다. 그런 전환과 실현의 비결은 역시 같은 것을 반복하는 것이다. '습관화'라고 바꿔 말할 수 있을 것이다.

자신만의 특별한 기술을 가진 사람이 일하는 모습을 보며 절로 감탄하게 될 때가 있다. 요리사는 식재료의 준비, 사전 손질, 조리, 접시에 보기 좋게 담기 등의 일련의 과정을 정확하고 깔끔하게 해낸다. 미용사는 샴푸, 커트, 파마, 세트 등을 모두 솜씨 좋게 해낸다. 목수나 장인 역시 마찬가지로 빈틈이 없다. 그들은 그 모든 기술을 거의 무의식중에 해낼 수 있을 만큼 모든 지식과 과정을 반복 훈련해서 습관화한 것이다.

비즈니스맨 역시 일하는 데 습관화가 필요하다. 간혹 기술을 몸에 익히기 위해 반복하는 과정을 생략해 버리는 사람이 있다. 예를 들어 영업맨이라면 몇 번이고 계획을 세우고 수정하면서 현장에서 몸으로 부딪쳐 경험을 반복하지 않으면 마음을 움직이는 영업맨이 될 수 없다.

이런 기나긴 과정을 무시하고 '첫 대면은 이런 이야기를 해서 상대를 편안하게 하고, 상대가 이런 질문을 할 때는 이렇게 반격한다.' 같은 테크닉 습득에만 열심인 사람도 있다.

운 좋게 자신이 의도한 대로만 되면 다행이지만, 대개의 경우 현실은 자신의 의도대로 따라오지 않는다. 이쪽에서 예상치 못했던 반응이 나오기 마련이다. 자신이 준비한 시나리오대로 되지 않을 경우, 당황한 영업맨은 핵심을 놓친 어수선한 상담을 하다가 자신감을 잃을 수도 있다.

자동차 운전도 마찬가지다. 교통법규나 운전법을 잘 안다고 해도 처음부터 거리에서 운전을 잘할 수는 없다. 주차도 수없는 연습을 거쳐야만 어느 정도 감이 생기고 익숙해지는 것이다.

수영도 책으로 헤엄치는 법을 배웠다고 깊은 수영장에서 유유히 헤엄칠 수는 없다. 실제 수영장에서 물에 빠지고 허우적거리며 자유형 연습을 하면서 차츰 익숙해지는 것이다. 이런 연습이 습관화되면 나중에는 팔다리의 움직임을 의식하지 않아도 자연스럽게 수영을 하게 되는 것이다.

자유형이 끝난 다음 접영을 마스터하려고 연습을 시작했다면 또 다시 가능한 부분과 불가능한 부분이 발생하기 때문에 몇 번이고 반복해서 불가능한 동작을 가능하게 바꿔 나간다. 그럼 무의식중에 몸이 반응하면서 잠재의식의 수준에서 접영을 하게 되는 날이 온다.

비즈니스 기술이나 노하우 역시 운전이나 수영과 마찬가지로 반복적으로 연습하고 경험을 쌓아서 기술을 습관화하는 동안에 진짜 내 것으로 만들 수 있다.

영업맨이라면 잔재주 같은 테크닉에 의존하지 않고 상대방이나 환경에 맞춰 효과적으로 상품 PR을 하고 클로징까지 마무리했을 때에야 비로소 잘한다고 할 수 있을 것이다.

톱 비즈니스맨은 무의식(잠재의식) 수준에서 할 수 있을 때까지 포기하지 않고 끊임없이 훈련하고 반복한 결과로 이루어진다.

08

OS가 없으면
애플리케이션도 소용없다

습관화의 위력을 체험하지 못한 사람은 모든 일을 계획대로 진행하려는 경향이 있다. 또한 매뉴얼에 지나치게 의존하는 것도 특징이다.

물론 준비를 하는 것은 중요하다. 매뉴얼이 있으면 기본적인 일을 빨리 배울 수 있고 전형적인 패턴에 맞을 때에는 적절한 대응을 취할 수 있다.

그러나 잠재의식에서조차 충분히 단련되지 못한 단계에서는 계획이나 매뉴얼에 의존해 봤자 그 이상의 일은 불가능하다. 계획이나 매뉴얼에 근거해 행동하는 단계에서는 머리(현재의식)로 생각하는 것에 의존하기 때문에 그것을 벗어난 사태가 일어났을 경우에는 사고가 정지되어 문제 해결력이 떨어질 수도 있다.

만반의 준비를 하고 일에 임하는 것도 좋지만, 잠재의식에서 가능한 부분이 아직 미숙하다면 기껏 준비한 것도 충분히 활용하지 못할 수 있다. 예를 들어 프레젠테이션을 하는 발표자가 원고를 읽느라 바쁘다면 청중은 '저 사람 괜찮은 건가? 영 불안하네.'라고 느낄 것이다. 마치 텔레비전에서 보좌관이 써준 원고대로 앵무새처럼 답변하는 정치가를 보면 신뢰도가 떨어지는 것과 같다.

예상 문답지를 만들어서 실전에 임하는 사람도 많다. 그러나 100문제를 생각했다 해도 예상 질문과 똑같은 것이 서너 개 나오면 그나마 선전이다. 실제로는 예상치 못했던 질문을 받는 경우가 대부분이다. 이럴 경우 시나리오에 의존하는 사람은 당황할 수밖에 없다.

또한 사람의 마음을 움직이는 발표를 하기 위해 연설법 테크닉이나 스피치 노하우 등을 익히는 사람도 있다. 없는 것보다야 낫겠지만 잔재주에 의존하다가 오히려 함정에 빠질 수도 있다.

발표자의 생각이나 사고방식, 듣는 사람이 어떻게 느끼고 행동하길 바라는지 같은 '마음'의 부분이 확실히 정해져 있지 않으면 어떤 발표 테크닉을 구사해도 상대방에게 내 생각을 온

전히 전달하기는 어렵다.

컴퓨터를 예로 들면, 발표 테크닉은 애플리케이션(소프트웨어)에 지나지 않는다. '마음'이라는 OS(하드웨어)가 정리되어 있지 않으면 아무 소용이 없다.

그렇다고 원고나 예상 문답지, 프레젠테이션 테크닉 등이 모두 무의미하다는 말은 아니다. 분명 많은 도움이 될 것이다. 그러나 그것에만 의존해서는 진짜 사람의 마음을 움직이는 발표에는 미치지 못한다.

프레젠테이션을 할 때마다 '내가 어떻게 시작해서 주의를 끌어야 할까, 청중들을 어떤 예로 이해시킬 수 있을까, 실전에서는 어떤 질문이 나올까?' 같은 것을 반복 상상하면서 실전에서 몇 번이고 연습하자.

물론 이것은 지루하고 인내심을 요하는 작업이다. 그러나 이들을 습관화해서 무의식의 수준에서도 프레젠테이션이 가능하게 되었을 때 비로소 모든 상황에 대응 가능한 프레젠테이션을 할 수 있게 된다. 프레젠테이션이나 업무 해결 능력이 단번에 향상되는 마법의 테크닉이나 지름길은 없다.

09

무의식중에도 할 수 있는 게
전문가다

무의식, 즉 잠재의식의 수준에서 일할 수 없다면 진짜 고수라고 말할 수 없다. 몸이 저절로 움직이는 것이 아닌, 머리로 생각해서 행동하는 단계는 아직 전문가가 아닌 것이다.

예를 들어 야구에서 외야수가 쇼트바운드를 잡을 때 프로 선수는 '글러브는 지면에서 몇 도의 각도로 기울여야' 한다는 것을 일일이 계산하지 않는다. 몇 번이고 쇼트바운드를 잡는 연습을 반복한 끝에 무의식중에 몸이 먼저 움직이게 된 것이다.

테니스 역시 공을 드라이브할 때 '아래에서 위를 향해 라켓의 각도를 몇 도로 한다.'는 식으로 따져서 움직이지는 않는다. 이것도 마찬가지로 무의식의 수준에서 스윙하는 것이다.

고수는 이런 무의식 수준의 행동을 이끌어 내는 방법을 알고 있다. 메이저리그에서 활약하는 이치로 선수는 타자석에 서기 전에 같은 동작을 여러 번 반복하는 것으로 알려져 있다. 무릎을 굽혔다 폈다 하는 운동을 하거나 방망이를 세워서 자세를 취하고 유니폼의 소매를 걷어올리는 것 같은 일련의 동작을 매회 반드시 한다. 이런 동작의 반복으로 잠재의식을 깨우고 활성화하려는 것이다.

이치로 선수를 천재라고 부르지만, 그도 그런 칭찬을 듣기까지 고된 타격 연습을 얼마나 많이 했을지 우리는 짐작할 수 있다. 타자석에서 무의식중에도 자유자재의 타격감이 발휘되는 수준에 이르고자 연습에 연습을 거듭했을 것이다.

실제 시합의 타자석에 서면 시속 150km의 볼이 투수로부터 날아온다. 이때 어떻게 쳐야 잘 칠 수 있을지, 이상적인 각도와 타이밍 그리고 방망이 컨트롤 따위를 머릿속으로 계산하고 있을 여유는 없다. 무의식의 부분이 빠르게 작용하지 않는다면 방망이로 공을 쳐내는 것은 불가능하다.

이치로 선수가 타석에 서기 전에 하는 반복적인 동작은 그동안 반복해서 키워온 자신감, 즉 자신에 대한 신뢰를 불러일으키기 위한 의식이라고 볼 수 있다.

비즈니스에서도 마찬가지로 자신감(자신에 대한 신뢰)을 불러일으키고 잠재의식을 활성화하기 위한 행동 패턴으로 더 좋은 효과를 끌어낼 수 있다.

예를 들어 연수 강사들 중에는 도입부에 자신이 주로 사용하는 에피소드로 주의를 끄는 사람이 많이 있다. 흥미를 끌고 웃음을 유도할 수 있는 소재로 어색한 긴장감을 녹이며 시작하는 것이다. 나 역시 갖고 있는데, 이런 이야깃거리를 통해 자신감을 불러일으키고 분위기를 장악할 수 있다.

중요한 미팅 전에는 거울을 보면서 '오늘은 다 잘 될 거야.'라고 중얼거린다. 출근 전에 좋아하는 음악을 듣고 난 후 일을 시작한다. 자신감을 불러일으키는 행동 패턴은 사람마다 다르겠지만, 이때 중요한 것은 반복해서 하는 것이다.

또한 자신만의 필살 아이템, 무적의 컬러를 몸에 걸치는 것도 자신감을 불러일으키는 방법 중 하나다. 나는 '오늘 미팅은 무슨 일이 있어도 담판을 짓겠다.' 싶을 때는 오렌지 넥타이를 하고, 긍정적인 기분으로 일을 하고 싶을 때는 붉은 상의를 입는다. 편안함과 자신감을 동시에 얻을 수 있기 때문이다.

이처럼 자기 나름의 패턴을 갖고 실행한다면 잠재의식이 살아나면서 각고의 노력 끝에 몸에 익힌 동물적인 감각을 발휘하기도 쉬워질 것이다.

골인 지점은
항상 멀리 둔다

수영 금메달리스트 기타지마 고스케 선수 역시 잠재의식을 잘 활용한 선수다.

수영에서 골인이라는 것은 마지막 터치판에 손이 닿았을 때다. 그러나 기타지마 선수는 터치를 골인이라고 생각하지 않고 기록이나 순위의 결과를 나타내는 전광판을 돌아보는 순간을 골인으로 정하고 있다.

육상경기나 수영에서 골인하는 순간에는 '좋아, 이제 곧 골인이다.'라고 생각하는 동시에 힘이 확 빠져 나가기 때문이다. 수영은 0.01초 차이로 승부를 결정하는 냉정한 세계다. 마지막 스퍼트와 골인 전의 힘의 완화가 기록이나 순위에 크게 영향을 끼칠 수 있다.

아마도 기타지마 선수는 평상시 연습에서도 '전광게시판을 돌아보는 것이 골인'이라는 원칙을 염두에 두고 전력을 다해 연습했을 것이다. 매일의 훈련으로 반복하지 않았다면 잠재의식에 새겨 넣는 것은 불가능하다. 올림픽 같은 긴장되는 경기에서 갑자기 의식한다고 해서 몸이 재깍 반응하기는 어렵다. 기타지마 선수는 매일의 연습을 통해 마지막까지 전력을 다해 경기하는 인내와 투지를 몸에 익혔을 것이다.

이러한 예는 일에도 적용할 수 있다. 평상시에 어디에 골인 지점을 두는지에 따라 중장기적인 성공이 크게 달라진다.

예를 들어 영업맨 중에 '계약만 하면 끝'이라며 손바닥 뒤집듯 태도를 싹 바꾸는 사람이 있다. 계약 전에는 아주 살갑게 대응했지만 사인을 한 이후부터는 무성의해지는 것이다. 그 사람은 일의 골인 지점을 계약의 획득까지만 보는 것이다. 이런 얄팍한 태도를 보인다면 고객들은 '이제 이 영업맨과는 끝'이라고 돌아설 것이다.

그러나 진짜 고수 영업맨은 계약 후에도 사후 관리^{after follow}를 소홀히 하지 않는다. 상품이나 서비스를 구입한 후에도 '불편하신 점은 없습니까?'라고 신경을 쓴다. 이런 영업맨의 일의 골인 지점은 계약 후 아니 꾸준한 재계약을 염두에 둔 것이다.

나도 기업 연수를 할 때에는 '다음번을 기약하게 할 것'을 골인 지점으로 설정해 두고 있다. 즉 한 번으로 그치는 것이 아니라 '다음에도 부탁드립니다.'라는 연수 담당자의 이야기를 최종 목표로 강의에 임하고 있다.

간혹 연수가 끝나자마자 재빨리 퇴실해 버리는 강사도 있다. 그러나 나는 연수 후에 수강생들이 만족스러운 얼굴로 나가는 모습을 바라보고 싶기 때문에, 거기에 응답할 수 있는 충실한 내용을 제공하려고 노력하며, 가능한 한 마지막까지 교실에 남으려고 한다.

늘 골인 지점을 멀리 설정한 성과인지 내 연수의 재강률은 93% 정도다. 연수 대상 기업이 매출 저조로 연수 예산이 삭감되었을 때도 내 연수만은 남겨준 경우도 제법 있다.

이처럼 눈앞의 골인 지점이 아니라 먼 골인 지점을 응시하면서 일을 추진하다 보면 '먼 골인 지점을 목표로 하는 습관'이 잠재의식에 입력된다. 그러면 중장기적으로 더 놀라운 성과를 낼 수 있다.

이른바 '한 방'으로 끝나지 않고 오랫동안 계속해서 놀라운 성과를 내고자 한다면 먼 골인 지점을 지향하며 전력을 다해야 한다.

톱 비즈니스맨은 왜 분 단위 스케줄을 짜지 않을까?

약속은 하루에 두 건까지 | 중요한 시간은 울타리를 치자 | 높은 성과를 내는 사람은 지하철을 타지 않는다 | 약속 날짜보다 하루 전에 이동한다 | 약속 시간보다 1시간 전에 이동한다 | 평상심을 되찾기 위한 촉매제를 준비한다 | 자신과 조직의 신선도를 높이자 | 자신의 신선도가 곧 신뢰도다

01

약속은 하루에
두 건까지

'나는 분 단위 스케줄에 맞춰 정신없이 일합니다.'

혹시 이런 사람을 톱 비즈니스맨이라고 생각하는가? 내가 생각하는 톱 비즈니스맨과는 사뭇 다르다.

물론 분 단위 스케줄에 따라 일을 잘 진행하고 주위에서도 인정받고 있다면 문제가 되지 않는다. 일의 '양'을 많이 해치우는 것이 '질'의 향상으로 이어지기도 한다.

그러나 이 같은 분 단위의 스케줄은 깨지기 쉬운 크리스털처럼 약하다. 스케줄이 5분만 흔들려도 그 뒤의 모든 일정이 엉망이 될 수 있다.

또한 스케줄 관리가 빠듯하다 보면 심리적인 여유도 없어진다. 평상심으로 임하지 못했던 만큼 어렵게 잡은 중요한 미팅에서 기회를 놓치는 경우도 있고, 작은 실수로 상대방의 신뢰를 잃을 수도 있다.

나중에 자세히 설명하겠지만, 톱 비즈니스맨은 '마음의 상태를 최고로 유지하고 퍼포먼스를 최대화하는 것'을 우선시한다. 그렇기 때문에 정신적인 여유를 흐트러뜨리는 일정은 잡지 않는다. 물론 무리해서 약속을 끼워 넣지도 않는다.

나는 '약속은 하루에 두 건까지'로 정하고 있다. 오전과 오후에 한 건씩이 이상적이다.

물론 하루에 다섯 건이 넘는 약속을 잡고 빡빡한 스케줄을 소화해 낸다면 일을 많이 했다는 성취감은 있을 것이다. 오늘도 열심히 일했다는 만족감에 스스로 대견해 할지도 모른다.

그러나 일의 질이라는 면에서는 어떨까? 하루에 많은 양의 일정을 소화하다 보면 한 일정에 들이는 시간과 열정, 집중력이 분산되고 줄게 마련이다.

예를 들어 거래처 상대방이 세부 설명이나 2차 상담을 원해도 "다음 일정이 있어서 이만 실례하겠습니다." 하고 급히 자리를 떠나야 한다면 상대에게 실례일뿐더러 신뢰와 기회를 잃을 수도 있다.

그러나 오전과 오후에 한 건씩의 약속이라면 좀 더 여유를 갖고 준비할 수 있다. 상대방에게 설명할 내용을 충실하게 준비하고, 상대방에 대한 사전 정보를 챙기는 등 각 미팅의 질을 높일 수 있다. 일의 질을 높이기 위해서는 그만큼의 시간이 필요하기 때문이다.

또한 여유 있는 스케줄을 짜면 약속 전후로 자신의 시간을 확보할 수도 있다. 자투리 시간이라도 그냥 흘려보내지 않고 해야 할 일과 하고 싶은 일에 몰두하는 시간으로 잘 활용할 수 있다.

나는 기업 연수가 비즈니스의 주된 업무이기 때문에 클라이언트의 요구를 듣거나 연수 일정에 많이 참가한다. 그 외에도 연수 프로그램을 개발하거나 홈페이지 등 인터넷 마케팅 업무, 고객을 모집하거나 정보 수집을 하는 등 할 일은 수두룩하다. 하루에 두 건의 약속만 잡는다고 결코 한가한 것은 아니다.

만약 하루에 더 많은 약속을 잡는다면 눈앞에 떨어진 일 때문에 더 분주해진다. 약속과 관련된 업무 외에는 눈을 돌릴 수도 없다. 프로그램 개발, 집객, 정보 수집 등 '긴급하지는 않지만 중요한 일'들은 방치해 두면 점점 사태가 심각해진다. 미루고 미루던 일들이 '긴급하고 중요한 일'이 되어서 눈앞에 나타나 패닉 상태에 빠질 수도 있다.

따라서 효율적인 스케줄 관리의 요령은 일을 전체적으로 보면서 중요한 일에 균형 있게 시간을 분배해 가는 것이다. 스케줄을 너무 빡빡하게 잡으면 일에만 쫓겨 성과를 낼 수도 없을 뿐더러, 기껏 얻은 성과에 대한 성취감을 느낄 여유조차 없는 혼란 상태에 빠지기 쉽다. 균형감과 여유를 고려해서 스케줄을 짜면 비즈니스 전체의 생산성이 올라가는 것을 실감할 수 있을 것이다.

02

중요한 **시간**은
울타리를 치자

하루에 두 건의 약속이 이상적이라고는 하지만 조직에 속해 있으면 좀처럼 지키기 어려운 것도 사실이다.

경영자나 개인 사업주라면 어느 정도 시간을 컨트롤할 수 있지만 회사원의 경우 '저는 하루에 두 건의 약속만 잡습니다.'라고 했다가는 융통성 없는 사람으로 빈축을 사게 될 수 있다. 특히 신입 사원이라면 조직의 룰을 '숙명적으로' 따라야 할 것이다. 스스로 시간을 컨트롤할 수 없는 입장을 받아들이고 조직을 위해 열의를 갖고 움직일 수밖에 없다.

그러나 과장급의 매니저가 되면 상황은 달라진다. 주체적으로 일정을 컨트롤할 수 없다면 관리직의 역할 수행이 어려울 것이다.

물론 회사에서는 '갑자기 회의가 잡혔다, 고객이 급하게 호출했다, 상사의 긴급 지시로 일정을 조정해야 한다' 같은 돌발 상황이 자주 발생한다. 그러나 늘 수동적인 자세로 조직이나 타인이 자신의 시간을 좌지우지하게 하고, 스스로 일정을 관리할 수 없다면 그 사람은 '시간의 노예'가 될 수밖에 없다. 외부의 힘에 굴복하기만 하는 사람은 능동적이고 생산적인 일을 할 수 없다.

관리직은 경영자의 입장에 있다. 그런 자리에 있는 사람들은 주체적으로 일정을 조정해야 한다. 약속의 횟수를 강요하지는 않겠지만, 일의 질을 높기 위해 여유 있는 스케줄을 짜고자 노력할 필요는 있다. 이를 위해서 자신의 소중한 시간에 블록을 만드는 것이 중요하다.

최근에는 사내 인트라넷으로 일정을 공유하는 회사가 많아졌다. 그래서 자칫하면 상사나 부하 직원 등에게 자기 일정을 나눠 줘야 할 때가 많다. 이런 악순환을 막기 위해서는 '이것을 하겠다.'라고 결정한 시간을 사전에 빼두어서, 동료들의 방해나 공유를 막아야 한다. 자신에게 필요한 시간을 자신의 의지로 울타리 쳐두는 것이다.

관리직 중에는 스스로 일을 너무 많이 떠안아 일정이 빡빡한 사람들이 많다. 일 욕심이나 근무 평가 때문에 부하 직원의 일을 빼앗는 셈이다. 일을 맡아서 진행해 보지 못한 사원은 아무리 시간이 흘러도 제대로 성장할 수 없다.

'내가 해야 고품질의 성과를 낼 수 있다.'고 공언하는 관리직도 있다. 경력직으로서 당연한 얘기지만 자신보다 더 유능한 후배가 승진해서 자신이 대체 가능한 잉여 인간이 될지도 모른다는 불안감 때문일 수도 있다.

관리직 이상이 되었다면 일정을 조정하는 것이 자기의 책임이라고 인정하자. 그것이 바로 주체적으로 여유와 균형이 있는 스케줄을 짜기 위한 첫걸음이다.

03

높은 성과를 내는 사람은
지하철을 타지 않는다

'톱 비즈니스맨은 지하철을 타지 않는다.'

이렇게 말하면 격한 반론이 쏟아질 것 같다. '그럼 지하철을 타는 사람은 무능하다는 건가?'라고. 물론 지하철을 타는 사람이 무능하다는 말은 아니다. 나도 과거 20년 이상, 지하철을 타고 회사에 출근했고 현재도 지하철을 가끔 이용한다.

여기서 말하고 싶은 것은 결코 지하철을 타지 말라는 것이 아니다. 톱 비즈니스맨은 경우에 따라서 '지하철을 타지 않는' 선택을 한다는 것이다.

그럼 이게 무슨 의미인지 차근차근 따져 보자.

나는 회사원 시절, 20년 정도 요코하마와 도쿄를 연결하는 전원도시선田園都市線을 이용해서 통근했다. 출퇴근 시간대에는 그야말로 콩나물시루였다. 러시아워에 몰리는 출퇴근은 매우 고생스러웠다. 대부분의 수도권 지하철은 모두 비슷한 상황일 것이다.

통근 러시에 휘둘리는 대부분의 사람들이 스트레스를 받는다. 발 디딜 틈 없이 혼잡하고 숨 쉬기도 힘든데다가 모르는 사람과 바짝 밀착한 상태로 회사까지 가야 한다.

이런 밀도에서는 주위 사람들 역시 신경이 곤두서 있다. 때로는 어깨가 부딪히고 발이 밟히는 사소한 이유에서 욕설과 싸움이 시작된다. 겨우겨우 회사에 도착했다고 해도 이미 녹초가 된데다 지하철에서의 불쾌한 기분을 그대로 끌어안은 채 업무를 시작하게 된다.

통근 지하철뿐만 아니라 대중교통수단인 지하철은 스트레스를 받기 쉬운 환경이다. 큰 소리로 통화하는 사람, 음료수 캔이나 과자 봉지를 자리에 버리고 내리는 사람, 옆자리까지 들릴 정도로 크게 음악을 듣는 사람, 신경 쓰이는 게임 전자음 등 헤아릴 수 없이 많다.

사람마다 불쾌감을 느끼거나 짜증이 나는 포인트가 다르겠지만 나는 이렇게 매너를 지키지 않는 사람이 있으면 마음의 평정을 유지할 수 없다. 이런 불쾌감 속에서 시작하는 일은 어떻게 될까?

짜증이 난 채로 고객과 전화나 면담을 하면, 그 짜증이 고객에게 은근히 전달될지도 모른다. 또한 머리에 잔뜩 열이 오른 상태라면 냉정하고 이성적인 판단을 내리기가 어렵다. 아침의 만원 지하철에서 기력과 체력을 빼앗기면 오전 내내 일에 몰두할 수 없다. 때로는 하루 종일 그 악영향에 눌릴 수도 있다. 즉 자신이 갖고 있는 최고의 역량을 비즈니스 현장에서 최대한 발휘하기 어렵다.

톱 비즈니스맨은 고객과의 중요한 상담이나 회의, 프레젠테이션 같은 자리에서는 심신의 상태를 최적화하려고 신경 쓴다. 하이퍼포머로서 최대한의 역량을 발휘할 수 있도록 자기 관리를 철저히 하는 것이다. 비즈니스라는 무대에서 가장 빛나기 위해 컨디션을 잘 관리하는 것도 고수들의 공통점이다.

'자기 역량을 최대화할 수 있는가?'라는 관점에서 볼 때, 만원 지하철에서 시달리느라 아침부터 심신이 흐트러지는 것은 꼭 피해야 한다.

단, 오해하지 않아야 하는 것은 지하철을 타는 사람 모두가 스트레스를 느끼는 것은 아니라는 점이다. 지하철로 이동하는 것이 더 편하고 불쾌감이 생길 일도 없다면, 지하철 승차가 자신의 일을 방해하지는 않을 것이다.

반대로 자동차나 택시, 버스 같은 교통수단을 더 불편해 하는 사람이라면 지하철이나 자전거가 더 나은 효과를 줄 수도 있다.

나는 어떤 교통수단이 최고라고 추천할 생각은 없다. 요점은 '심신의 컨디션을 최상으로 유지하기 위해 내게 무엇이 더 좋을까'를 선별하자는 것이다.

04

약속 날짜보다
하루 전에 이동한다

내가 평상시 어떻게 이동하는가에 대해 이야기해 보겠다.

나는 현재 직접 운전해서 고객을 방문한다.

물론 지하철을 타는 일도 있지만 컨디션을 최고로 유지하고 일의 효율성을 최대화하기 위해서는 자동차로 이동하는 것이 나에게 가장 잘 맞는다고 생각하기 때문이다.

또한 최고의 역량을 발휘하기 위해서 이동시간에도 신경을 쓰고 있다. 예를 들어

- 중요한 고객과의 상담이 있을 때
- 신경 써야 하는 거물급 상대를 방문할 때
- 기업 연수에서 강사를 맡았을 때

나는 최적의 컨디션으로 미팅에 임하기 위해 전날 현지의 회사 근처에 있는 호텔에서 묵는 경우도 있다. 설령 당일치기로 다녀올 수 있는 거리라도 말이다.

첫째 이유는 물리적 거리의 문제다. 도내에 있는 내 사무실과 방문하는 회사가 멀리 떨어져 있으면 그만큼 차로 이동하는 시간이 길어지고 도착 시간도 예상과 다를 수 있다. 간혹 길이 막혀 지각이라도 하면 상대방의 신뢰를 한순간에 잃어버릴 수도 있다.

둘째 이유는 정신적인 문제다. 심신의 컨디션을 안정시키기 위해 하루 전날 그곳에서 숙박하는 것이다.

연수의 경우 전날 밤에 현지에 있으면 느긋하게 아침 시간을 보낼 수 있고, 서둘러야 하는 스트레스도 없다. 평상심을 갖고 전날부터 강의를 준비할 수 있으니 여유도 생긴다.

만약 당일에 이동하면 도로 상황이나 교통 정체 등을 신경 쓰느라 정신적인 여유를 가지기가 어렵다. 마음이 들뜨고 급한 상태로 연수에 임하면 평상심으로 임할 때와 큰 차이가 날 수밖에 없다.

'만약 자동차가 아니라 지하철로 이동하면 당일 출발이라도 시간을 예측할 수 있으니 문제가 없지 않은가?'라고 반론할 수도 있지만, 사고나 차량 고장 등의 발생으로 지하철이 지연

될 수도 있고, 오전 중의 시간대는 통근 러시도 겹쳐 정신적인 스트레스를 느낄 가능성도 높아진다. 적어도 내게는 당일의 지하철 이동이 집중력을 떨어뜨리기도 한다.

단, 차가 없거나 평상시에 지하철을 자주 이용하는 사람이라면 지하철도 괜찮을 것이다.

이 경우에도 전날에 지하철로 이동해서 현지에서 숙박한다면 더 좋은 컨디션을 유지할 수 있다. 전날에 이동했다 해도 실전은 다음 날이니까 하룻밤 편안하게 자고 나면 당일에는 최고의 역량을 발휘할 수 있다.

중요한 것은 중대한 상담이나 프레젠테이션에 '얼마나 좋은 컨디션으로 임하느냐'다. 최상의 상태라면 어떤 수단으로, 어떤 타이밍에 이동하는지는 문제가 되지 않는다. 정답도 경우에 따라 여러 가지가 될 수 있다.

톱 비즈니스맨은 최고의 컨디션을 유지하기 위해 이동 수단과 타이밍 같은 모든 면에 세심하게 주의를 기울여 선택한다.

05

약속 시간보다
1시간 전에 이동한다

나는 가까운 도내의 이동이라도 중요한 고객을 방문할 때는 1시간 전에 방문지 근처에 도착하는 편이다.

보통 5분 전, 10분 전에 도착하는 게 상식일지도 모른다. '1시간이나 빨리 도착하다니 시간 낭비'라는 소리도 들려올 것 같다. 내가 1시간 전에 도착하는 이유는 가는 도중에 무언가 트러블이 생겨도 여유를 갖고 대처할 수 있기 때문이다.

예를 들어 지하철이 멈춰도 택시 등으로 바꿔 탈 수도 있고 만일 무언가를 잊어버려도 다시 구입할 시간을 확보할 수 있다. 시간과 장소에 따라서 회사로 돌아가는 것도 가능하다.

또한 빨리 도착하면 정신적인 여유가 생겨 에너지를 재충전할 수도 있다. 근처 카페에 들어가 사전 준비를 하거나 메일

체크를 하는 등 짧게 처리할 수 있는 일들을 마친다.

때로 지하철로 이동하느라 지쳤더라도 1시간 전에 도착하면 컨디션을 회복할 수 있다. 지하철에서 내리자마자 아슬아슬하게 방문지에 뛰어든다면 자신의 실력을 충분히 발휘할 수 없다.

목적지에 먼저 도착하기 위해서는 당연히 일찍 일어나거나 미리 출발할 필요가 있다. 그만큼 일정이 당겨지니까 서둘러야 한다는 긴장감도 늘어난다. 평소 꽉 짜인 일정대로 아슬아슬하게 움직이거나 아침잠이 많은 사람이라면 1시간이나 먼저 도착할 필요는 없다.

그러나 톱 비즈니스맨은 최고의 퍼포먼스를 중요시하기 때문에 자기 역량을 보여 줄 수 있다는 기쁨에 신바람이 나서 서두르기도 한다.

스케줄이 빡빡해진다는 '부담'과 최대한의 역량을 발휘한다는 '가치'를 저울에 올려 비교해 보자. 당신은 어느 쪽을 선택할 것인가?

물론 경영자나 개인 사업주는 스스로 시간을 컨트롤할 수 있지만, 회사원이라면 그 권한이 한정되어 있다. 1시간씩이나 미리 내기 어렵다면, 30분이나 15분도 좋다. 15분이라도 먼저 도착하면 아슬아슬하게 도착하는 것보다 훨씬 여유 있는 미팅을 가질 수 있다.

강조하지만 여유 시간이 얼마나 긴지가 중요한 것은 아니다. 어디까지나 자신의 실력을 제대로 발휘할 수 있느냐가 기준이 되어야 할 것이다.

06

평상심을 되찾기 위한
촉매제를 준비한다

관리직이 아니라 신입 사원이라도 컨디션을 최고로 유지하는 것이 어렵다고 지레 포기할 필요는 없다. 또한 거래처를 방문하고자 전날 밤부터 숙박하는 것이 불가능해도, 1시간 전에 도착하지 못해도, 하루의 약속 건수를 줄이지 못해도, 할 수 있는 일은 여전히 많으니 걱정할 필요가 없다.

어디까지나 목적은 컨디션을 최적화하고 퍼포먼스를 최대화하는 것이다. 즉 상담 상대를 만났을 때, 프레젠테이션을 할 때 등 중요한 국면에서 최종 목적을 달성할 수 있으면 되는 것이다.

지하철 이동으로 받은 스트레스에 싸인 채 방문지에 도착하거나 약속 시간 5분 전에 헐레벌떡 도착했다고 해도 실전에서 최고의 실력을 발휘할 수 있다면 괜찮다.

나는 이미 수차례의 기업 연수를 하면서 많은 경험을 쌓아왔지만 아직도 연수 시작 10분 전이 되면 연수장 내에 긴장감이 높아지는 것을 예민하게 느낀다. 이렇게 긴장된 상태에서 강의를 시작하면 내 능력을 활짝 펼치지 못할 우려가 있다.

그러면 나는 휴대전화를 만지작거리며 배경화면에서 웃고 있는 아이의 사진을 본다. 아이의 얼굴에서 안정감과 자신감을 얻게 된다.

나한테는 아이의 사진이 특효가 있지만, 아이가 없는 사람이라면 아내나 남편의 사진도 좋고, 애완동물이나 좋아하는 아이돌이라도 상관없다. 평상심을 찾을 수 있다면 무엇이든 괜찮다.

사진을 통해 조건반사적으로 평상심을 되찾게 된다. 사진이 촉매제 역할을 해준 것이다.

음악을 듣는 것 역시 좋은 촉매제가 된다. 음악을 들으면 힘이 솟고 위안을 받을 수 있으며 영감을 얻을 수도 있다. 이런 음악을 휴대전화나 오디오 플레이어에 넣어 두고 필요할 때나 결정적인 순간에 들으면 자양강장제(?) 효과를 얻을 수 있다. 시드니 올림픽에서 금메달을 획득한 다카하시 나오코 선수가 마라톤 경기 전에 좋아하는 뮤지션의 음악을 들었다는 유명한 일화가 있다.

촉매제가 되는 아이템은 사람마다 다르다. 스트레스를 날려 버릴 수 있는 자신만의 특별한 방아쇠를 찾아 두자.

또 한 가지, 나는 연수를 시작하기 전 평상심을 유지하기 위해 이미지 트레이닝을 한다.

연수를 시작하기 전 부정적인 생각들이 머릿속을 어지럽힐 때가 있다.

'비협력적인 참가자라면 어떻게 할까?'

'부정적인 반론만 나오면 뭐라고 답하지?'

'참가자들이 영 반응이 없을 때는 어떻게 하지?'

연수 강사에게 홈그라운드는 없다. 각 기업에서 실시하는 연수는 언제나 원정 경기다.

모든 연수 참가자가 내게 플러스 인상을 갖고 있지는 않다.

'요즘 일이 바빠서 연수 따위 하고 있을 때가 아닌데.'

'사무실에 두고 온 일이 계속 찜찜하네. 돌아가도 눈앞이 깜깜해.'

다들 복잡한 사정들을 끌어안은 채 연수장에 앉아 있기 때문이다.

강사가 연단에 오르면 '이 강사는 얼마나 강의를 잘하나? 어디 구경이나 해보자'라는 입장이 대부분이다. 솔직히 말하자면 나도 잘 해낼 수 있을지 불안해서 참을 수 없다.

이렇게 평상심을 잃을 것 같은 순간에는 강의가 잘 되었던 때를 떠올린다. 처음에는 시큰둥하게 듣던 참가자가 연수가 끝난 후 내게 와서 '큰 도움이 되었습니다.'라고 감사 인사를 해준다. 혹은 참가자가 웃는 얼굴로 '좋은 강의였습니다. 재미있었습니다!'라고 기뻐해 주는, 그런 장면을 상상하는 것이다.

이렇게 긍정적인 이미지를 상상하는 것도 마음의 상태를 최고로 유지하는 데 효과적인 방법이다.

07

자신과 조직의
신선도를 높이자

최상의 컨디션으로 최고의 퍼포먼스를 발휘하는 것은 신선도 높은 자신(서비스)을 제공하는 것이라고 말할 수 있다.

사람은 평상심을 갖고 자신의 일을 계획한 대로 수행하고 있을 때 신선도가 높아진다.

자신이 활기차고 즐겁게 일했던 경험을 떠올려 보길 바란다. 좋은 타이밍에, 일에 몰두할 수 있도록 주변 환경이 잘 정리되어 있었을 것이다.

자신의 신선도를 고객에게 고스란히 전달하기 위해서는 이동 중의 스트레스에 부대끼지 않는 것도 중요하지만, 자신이 속한 조직의 스트레스나 부담을 줄이는 것도 중요하다.

고객에 대한 신선도뿐만 아니라 조직의 신선도에도 주의를 기울여야 한다. 조직에 있으면서 자신이 잘 못하는 문제를 끼고 지내면 그것이 고객 상담 등 은연중에 역효과를 낼 수도 있기 때문이다.

조직 속에서는 동료에게 발목 잡히거나, 비판을 받거나, 그건 그만두는 편이 낫겠다고 상사에게 제지당하기도 한다. 본인은 잘될 거라는 확신으로 좋은 기획안을 제출해도 생각대로 되지 않아 조바심을 느낄 때도 많다.

조직의 신선도를 유지하기 위해서는 사전에 상사의 합의를 얻어 협력을 의뢰하거나, 사전 교섭을 통해 방해공작을 차단할 필요가 있다. 미리 조치를 취해서 기획에 대한 이해를 얻거나 의사 결정을 빨리 진행할 수 있는 것이다.

즉 톱 비즈니스맨은 자신의 신선도를 떨어뜨리려는 방해자를 오히려 자기의 무대로 끌어들여 협력자로 바꿔 나간다.

08

자신의 **신선도**가
곧 **신뢰도**다

나는 기업 연수의 담당자나 오랜 지인들로부터 종종 "노구치 씨는 항상 건강하고 젊어 보이는군요. 언제나 편안해 보여 좋습니다."라는 말을 듣는다.

이는 내 마음과 컨디션을 잘 관리해서 좋은 신선도를 유지해 왔기 때문이라고 생각한다. 나름대로 마음의 상태를 최고로 유지하고자 꾸준히 관리해 온 결과라고 분석하고 있다.

나는 신선도를 유지하기 위해 이동 수단이나 공간에도 신경을 써 왔다.

신칸센을 타고 이동할 때는 대체로 그린칸을 예약한다. 그린칸은 보통칸보다 좌석 수가 적기 때문에 쾌적하고 감기 등에 옮을 가능성이 낮기 때문이다. 나처럼 하루에 8시간 정도 사람들 앞에서 강의를 해야 하는 연수 강사가 감기나 다른 질환으로 목소리가 쉬거나 나오지 않으면 아웃이다.

물론 아무리 노력해도 걸릴 감기는 걸리게 마련이지만, 스스로 건강을 유지하고 지켜 나가는 노력을 게을리 하고 싶지 않다.

전에 요코하마에 살았을 때, 나는 중요한 상담 전에 만원 지하철의 스트레스를 받고 싶지 않아 신요코하마에서 도쿄까지 신칸센으로 이동한 적도 있다. 보통 지하철보다 2천 엔이 넘게 들지만 그만큼의 가치가 있다고 판단했다.

"그런 사치는 돈 많은 사람이나 부리는 거지."라고 반론하는 사람이 있을지도 모르겠다. 그때 나는 월급쟁이 회사원이었고 결코 돈에 여유가 있던 시기는 아니었다.

이 책에서 소개하는 내용 중에 '나였기 때문에 특별히 가능했던 일'은 하나도 없다. 발상과 의식을 바꾸면 누구나 실천할 수 있는 쉬운 방법을 나누고 싶을 뿐이다.

물론 컨디션 유지를 위해 경제적 부담이 늘어나는 경우도 있다. 그러나 고객에게 좋은 인상을 제공할 수 있다면 신뢰, 평판, 재거래 같은 고부가가치의 보물을 덤으로 얻을 가능성도 더 높아질 것이다.

이렇게 돈으로 대신할 수 없는 든든한 자산을 얻기 위해서 자신의 돈과 시간을 어떻게 사용하는 것이 효과적일까? 이 같은 관점에서 의식을 바꿔 보는 것도 당신의 인생을 더 풍요롭게 할 거라고 나는 확신한다.

톱 비즈니스맨은 왜 유명해지려고 하지 않을까?

가치를 제공하기 때문에 유명해지는 것이다 | 평판이 좋은 사람이 유명해진다 | 핑계와 변명은 금물 | 먼저 자신을 브랜드화하자 | 주위의 기대치를 넘어서는 일을 하자 | 상대방의 기대치를 직접 듣자 | 호감을 얻으면 평판은 따라온다 | 네트워크를 넓히는 것이 브랜드화하는 것이다? | 선생님이라고 불릴 때를 조심하라

01

가치를 제공하기 때문에 유명해지는 것이다

톱 비즈니스맨 중에는 텔레비전이나 신문, 잡지에 자주 나오는 사람들이 많다. 이른바 ○○평론가, ○○컨설턴트, 기업의 CEO 등 각자의 분야에서 명성을 얻어 미디어에 등장하면서 세간에 얼굴을 알리게 된다.

독자들 중에도 유명해져서 세상 사람들에게 인정받고 싶거나 회사의 인지도를 높여서 비즈니스를 확장하려는 계획을 가진 사람이 있을 것이다. 사실 많은 사람들에게 알려지고 인정받고 싶은 것이 인간의 욕구다. 나 역시 내 존재와 생각을 사람들에게 전하고 싶어서 이런 책을 집필하고 세미나 등 강의를 하고 있다.

오해하지 않길 바라는 것은 반드시 '유명인사가 톱 비즈니스맨'은 아니라는 사실이다. 간혹 이름을 알리기 위해 미디어에 등장하거나 실력이 없는데 우연히 반짝 주목받는 경우가 있다. 이런 반짝 스타들은 일시적인 유명세를 탈 수는 있지만 금세 뒷전으로 밀려나고 대중들의 기억에서도 사라져 버린다.

유명인과 톱 비즈니스맨이 꼭 일치하는 것은 아니지만 톱 비즈니스맨들이 유명인사가 되는 것도 현실이다. 이들은 각 분야에서 놀라운 실적을 내고 타의 추종을 불허할 정도의 노하우와 리더십을 갖고 있기 때문에 미디어의 주목을 받게 되었다.

즉 세상에 공헌하는 가치 때문에 결과적으로 주목받는 유명인이 된 것이다. 그들은 톱 비즈니스맨이기 때문에 유명해진 것이지 유명하기 때문에 톱 비즈니스맨이 된 것이 아니다. 이 순서를 착각해서는 안 된다.

내가 본 톱 비즈니스맨들은 세상에 공헌하는 가치 있는 사람들이었다. 자기 분야에서 혁신적이고 남다른 가치를 만들어 냈기 때문에 신문과 잡지에 소개되고 TV 등에서 주목을 받는 것이다. 그래서 진정한 가치를 계속 제공하는 사람만이 미디어의 주목을 오랫동안 받을 수 있다.

유명하기 때문에 가치 있는 것이 아니라 가치가 있기 때문에 유명해지는 것이다. 따라서 톱 비즈니스맨은 유명해지는 것에 가치를 두지 않는다.

톱 비즈니스맨의 초점은 회사와 고객 그리고 사회에 공헌할 수 있는 가치를 창조하는 것이다.

02

평판이 좋은 사람이
유명해진다

미디어 세계와 마찬가지로 비즈니스 세계 역시 그렇다.

몇 만 명의 종업원이 있는 대기업이든 100여 명의 중소기업이든 '사내 유명인'이 있다.

실수가 많고 수동적인 마이너스 의미의 유명인이 아니라 플러스 의미에서 평판이 좋은 사람이다.

- 누구도 흉내 낼 수 없는 기술을 갖고 있다.

- 고객에게 신뢰받고 항상 최고의 실적을 낸다.

- 사내 최고의 아이디어맨으로 히트 상품을 여러 개 개발했다.

- 사람 됨됨이가 좋아서 인맥이 넓고 주위의 지지를 받고 있다.

- 누구보다 자기 분야에 정통하다.

이렇게 '무슨 분야는 아무개에게 물으면 된다, 이 일은 아무개가 적임자다.'라고 인정받는 사람이 있을 것이다.

혹은 사내뿐만 아니라 동종 업계에서 유명한 사람도 많다. '그 회사에는 ○○씨가 있으니 만만하게 볼 수 없다, 이 히트 상품은 ○○씨의 작품이다.'라고 타사에서도 두루 인정받는, 그야말로 업계에서 알 만한 사람은 다 아는 '선수'들 말이다.

사내나 업계의 유명인은 누구나 알고 있는 연예인 같은 유명인은 아니지만 자기가 맡은 일로 고객이나 회사 등 사회에 공헌하고 높은 가치를 제공해 온 공로로 유명해진 것이다.

사실 미디어에 나오는 유명인보다 훨씬 더 힘든 것이 사내나 업계의 유명인들이 자신의 평판을 유지하는 일이다.

텔레비전은 생방송이 아닌 이상 편집으로 이미지를 가공할 수 있다. 방송국에서는 당연히 재미있거나 그림이 될 만한 좋은 부분만 내보내기 때문에 일반 시청자들은 만들어진 이미지를 보고 판단하게 된다. 잡지의 인터뷰나 취재 기사 역시 기자나 작가가 만들어 내기 때문에 좋은 부분에만 초점이 맞춰진다.

즉 미디어를 통해 접하는 시청자나 독자는 꾸며낸 부분만을 보는 것이지, 그 사람의 진짜 사람 됨됨이나 무대 뒤편에서의 행동 등 모든 것을 보고 판단하는 것은 아니다.

그러나 회사 안에 있으면 그 사람이 어떤 생각에 근거해서 행동하고, 어떤 결과를 내고 있는지 일목요연하게 알 수 있다. 성격과 커뮤니케이션 방식은 물론 평판까지도 금세 사내와 업계에 퍼지게 되는 것이다.

높은 가치의 공헌을 하고 있다면 사내에서 좋은 평판과 신뢰를 획득할 수 있지만, 만약 우쭐해져서 오만한 태도를 취하거나 일을 어물쩍 넘기기 시작하면 한순간에 신뢰를 잃을 수 있다.

사내의 톱 비즈니스맨은 높은 퍼포먼스를 통해 주위에 놀라운 가치를 제공한다. 그런 하루하루의 노력이 쌓여 평판과 신뢰로 연결되고 그 결과로서 유명해지는 것이다.

03

핑계와 변명은
금물

다양한 기업에서 연수를 하다 보면 주위의 좋은 평판이나 신뢰를 얻어 자연스럽게 유명해진 사람과 유명의 의미를 잘못 알고 있는 사람의 차이가 대충 눈에 보인다.

내 연수 프로그램 중에는 그룹이 함께 과제를 해내고, 의견이나 아이디어를 발표하는 시간이 있다. 이때 자기 의견을 말하면서 서두에 이런저런 군더더기를 붙이는 사람들이 있다.

"우리 회사(부서)에서는 무리라고 보지만……."

"상사(경영진)가 반대할 가능성이 높지만……."

"전례가 없기 때문에 어렵겠지만……."

"어디까지나 이상이지만……."

부정적인 핑계와 변명으로 시작하는 것이다. 이것은 처음부터 무리라고 포기하는 약한 모습이며, 물의를 일으키고 싶지 않다는 두려움을 드러내는 것이다.

이들은 실제 업무에서도 상사나 주위의 눈을 의식해서 변명부터 시작하는 것이 습관화되어 있다.

그들은 회사에서 '불평불만 없이 일을 잘한다.'는 평판을 얻어서 유명해지고 싶겠지만, 그것은 내가 말하는 유명과는 다르다. 고객이나 회사에 높은 가치를 제공하고 있다고는 할 수 없기 때문이다. 오히려 자신의 의견이나 아이디어는 마음속에 숨겨 두고 제대로 전달하지 않기 때문에 마이너스 가치만 줄 수도 있다.

진정한 의미에서 좋은 평판과 신뢰를 얻고 있는 사람은 자신의 의견이나 아이디어를 발표할 때 쓸데없는 서론이나 변명을 붙이지 않는다. 이런 타입의 사람은 극히 소수지만, 이 생산적인 소수가 높은 가치를 제공하고 회사를 끌고 나가는 인재라는 사실만은 변하지 않는다.

04

먼저 **자신을**
브랜드화하자

고객과 회사의 신뢰를 얻고 있는 가치 있는 사람은 개인 브랜드를 확립한 사람들이다.

나는 다양한 기업의 연수를 진행하면서 개인이 브랜드를 갖고 있느냐 없느냐에 따라 일의 내용, 질, 책임, 영향력, 공헌도, 평가, 수입이 크게 달라지는 것을 많이 보아 왔다.

브랜드라고 하면 흔히 기업 브랜드를 가장 먼저 떠올린다. '그 회사의 신상품은 망설이지 않고 산다, 그 회사의 서비스는 믿을 만하다.' 등 각자가 충성도와 신뢰도를 보이는 기업 브랜드가 있을 것이다.

이제 비즈니스맨에게도 기업 브랜드 같은 가치와 신뢰도가 필요한 시대다.

'중요한 일은 그 사람한테 맡겨야 한다.'는 평판과 신뢰를 얻는 사람이 '가치 있는 사람=톱 비즈니스맨'으로 크게 활약할 수 있는 것이다.

업무를 수행할 전문 지식이나 기술이 기본이 되는 것은 말할 필요도 없다. 나는 5만 명 이상의 비즈니스맨 기업 연수를 다뤄 오면서 다음의 질문에 대한 자세에 따라 일의 성과가 크게 달라진다는 것을 발견했다.

① 나는 어떤 사람인가?

② 나는 타인에게 필요한 가치를 제공하고 공헌할 수 있는가?

③ 나는 마켓, 고객, 상사, 동료, 부하 직원에게 어떻게 인식되는 사람인가?

④ 나는 어떤 협력자를 얻을 수 있을까?

브랜드는 하루아침에 구축할 수 있는 것은 아니다. 차근차근 쌓아 올린 과정이 모여서 빛을 내는 것이다. 적어도 위의 요소를 자문자답하고 그 대답을 실행에 옮기는 사람이라면 개인의 브랜드를 빚어 낼 수 있다. 그리고 이런 이들이야말로 자아실현과 함께 세상에 필요한 가치를 부여하는 공로자들이다.

개인 브랜드가 중요하다는 점에 대해 나는 연수 강사의 경험에서도 확신 있게 말할 수 있다. 본인 역시 경쟁이 치열한 기업 연수 전문가라는 세계에서 나만의 고유한 브랜드를 구축하고 세상에 먹힐 수 있느냐가 관건이라는 것을 직접 겪어 왔다.

기업 연수 강사는 어떤 가치를 제공하고 어떻게 공헌할 수 있느냐는 질문을 받게 된다. 그리고 기업에 플러스 효과를 가져다줄 수 없으면 곧바로 다른 강사에게 자리를 빼앗기게 된다. 기업에서 연수 강사는 얼마든지 대체와 교환이 가능한 존재기 때문이다.

앞서 제시한 네 가지 요소를 강사라는 내 직업을 예로 들어 생각해 보자.

① '나는 어떤 사람인가?'는 내 이름이나 일, 출신지 같은 정체를 묻는 것이 아니다. 어떤 신념과 성격과 가치관을 지닌 사람인가? 즉 사고방식이나 관념이 담긴 마음에 대한 문제다.

나는 일을 할 때 '휴먼 브랜드의 구축을 통해 변혁과 성장을 지원한다.'는 신념을 갖고 있다. 만약 '수입이 괜찮아서, 다른 강사보다는 조금 잘하니까'라는 생각으로 임하고 있다면 그런 마인드는 금세 수강생에게 전해져 그들의 마음은 훨훨 떠나 버리고 말 것이다.

② '타인에게 필요한 가치를 제공하고 공헌할 수 있는가?'는

상대가 필요로 하는 것을 제공하여 좋은 조력자가 될 수 있는지가 문제다.

가치란 본인이나 상대방 혹은 타이밍(상황) 등에 따라 달라진다. 가령 내가 연수 받는 대상의 가치를 가볍게 여기고 내가 전하고 싶은 것만 전하겠다는 독선적인 자세로 임한다면 상대방에게 공헌하지 않는 것이다.

③ '나는 마켓, 고객, 상사, 동료, 부하 직원에게 어떻게 인식되는 사람인가?'는 관계자에게 어떤 존재로 인정받고 싶은가의 문제다.

모든 분야와 모든 사람에게 좋은 지지와 평가를 받는 것은 무리다. 그러나 당신이 평가받고 싶은 상대에게는 인정받을 수 있도록 노력하고 어필해야 한다.

나는 웹 마케팅 전문가나 인사 전문가로 인정받기보다는 인재교육(브랜딩) 전문가로 인정받는 것을 최종 목표로 삼고 있다.

④ '나는 어떤 협력자를 얻을 수 있을까?'는 자신을 알아봐줄 사람, 문제 해결을 위한 서포트나 조언을 해줄 사람, 나를 믿고 일을 맡겨 줄 사람을 얼마나 얻을 수 있느냐의 문제다. 나는 연수처의 기업이 내 강의를 재신청하거나 혹은 다른 연수

기업을 소개해 주는 직원들을 통해서 강의가 확대되고 있다.

당신은 지금까지 위의 네 가지 질문에 대해 진지하게 생각해 본 적이 있는가? 개인 브랜드화에 성공한 사람, 즉 대부분의 톱 비즈니스맨은 이 지향점을 향해 달려가고 있다. 그 결과로 대외적인 인지도가 높아지고 유명해지는 것이다.

단지 유명해지는 것을 목표로 삼아서는 안 된다. 우선은 자기를 브랜드화해야 한다. 그러면 저절로 성과와 평판이 좋아지는 것이다.

05

주위의 기대치를
넘어서는 일을 하자

이 책은 브랜딩에 대한 책이 아니니 브랜딩의 실천법을 모두 전달하지는 않겠다. 다만 개인의 브랜드를 확립한 사람들의 특징을 하나 소개하고 싶다. 그것은 바로 주위의 기대치를 자각하는 능력이다. 그들은 그 기대치를 알았기 때문에 자신의 능력을 사회 공헌과 브랜드로 연결할 수 있었다.

혹시 주위에서 당신에게 어떤 기대를 걸고 있는지 생각한 적이 있는가?

'내가 어떤 사람이길 바라는가?'

'내가 어떤 말을 하길 바라는가?'

'내가 무엇을 하길 바라는가?'

'내가 어떻게 일처리하기를 바라는가?'

나는 '사람은 태어난 것만으로도 의의가 있다.'고 생각한다. 사람은 존재만으로도 가치가 있는 것이다. 그렇기 때문에 사람은 누구나 누군가의 기대를 짊어지고 있다고 생각한다.

- 회사에서 리더의 역할을 맡게 되었다.
- 관리직으로 승진했다.
- 새로운 사업을 개발했다.
- 자격증을 취득했다.
- 독립해서 사업을 시작했다.

사람은 이렇게 다양한 환경의 변화를 체험할 때 새로운 역할과 책임을 맡으면서 지금까지와는 다른 생각, 업무 방식, 새로운 가치 창조, 성과를 요구받는다. 그런데 놀랍게도 이런 기대를 모르거나 무시한 채 내키는 대로 행동하는 사람이 의외로 많다.

그렇다면 왜 주위의 기대를 알 필요가 있을까? 주위의 기대를 알고 나면 '어떤 가치를 제공해서 그들을 기쁘게 할 수 있을까?'를 연구하게 된다.

이때 주위의 기대만큼만 충족시키는 것으로는 충분하지 않다. 물론 최저한의 기대치는 달성했으니 주위에서 인정하고 이해해 줄 것이다.

그러나 진정한 톱 비즈니스맨은 이해를 넘어 감동과 놀라움을 주는 성과를 낸다.

주위 사람은 당신이 제공하는 가치가 주위의 기대를 훨씬 웃돌 때 만족하고 신뢰한다.

이것을 공식으로 표현하면 아래와 같다.

- 만족과 신뢰=제공하는 가치≧주위의 기대

예전에 어떤 직원에게 회의 자료를 인원수대로 복사해 달라고 부탁한 적이 있다. 그가 복사만 해왔다면 딱 내 기대치만큼의 일을 한 것이다. 그런데 그는 서류 파일에다 인덱스까지 붙여 보기 좋게 자료를 분리하고 페이지 번호까지 매겨서 가져왔다. 자료의 겉모양뿐만 아니라 편리함까지 고려해서 개선해 온 것이다. 이것은 기대 이상의 일처리라고 할 수 있다. 이런 사람에게는 더 큰 일을 맡기고 싶어진다.

만약 거래처에 부품을 발주했을 때 이쪽에서 주문한 대로의 부품을 만들어 온다면 그것은 딱 기대치만큼의 작업이다. 그러나 이쪽이 필요로 하는 부품을 거래처가 알아서 먼저 제안해 온다면 그 회사를 다시 한 번 보게 될 것이다.

기대치만큼이라면 그나마 다행이지만 기대 이하의 일을 하는 사람도 무수히 많다. '이 정도면 충분하지 뭐, 이 정도 월급에 이만큼 하는 게 어디야.'라고 소홀히 여긴다.

이렇게 기대 이하의 가치밖에 제공하지 못하는 사람은 그 이하의 반응밖에 얻을 수 없다. 상대방의 입장이 되어 보면 알겠지만, 기대 이하의 일을 해온다면 '이 사람(회사)에게 이 이상의 큰일은 맡길 수 없겠군, 다음 일은 꼭 다른 곳에 맡겨야겠어.' 하면서 더 이상의 진전이 없을 것이다. 기대 이하의 일을 하는 사람은 상대방의 만족이나 신뢰를 얻을 수 없을 뿐만 아니라 자신의 그릇 자체를 작게 만드는 우를 범하는 것이다.

이와 반대로 기대 이상의 일을 하는 사람은 더 큰 만족과 신뢰를 획득할 수 있고 한층 더 중요한 일과 더 좋은 기회를 얻어 자기 그릇을 더 키울 수 있게 된다. 그런 사람은 자기의 한계를 넘어서는 것과 동시에 개인의 브랜드 가치를 더욱 견고히 할 수 있다.

06

상대방의 **기대치를**
직접 듣자

기대 이상의 일을 하는 것이 중요하다고 강의하다 보면 종종 이런 한탄을 듣는다.

"주위에서 무엇을 기대하고 있는지 잘 모르겠습니다."

그런 사람에게 나는 "모르면 직접 물어봅시다."라고 제안한다.

모른다는 것은 결국 알려고 하지 않거나 어떻게 하면 좋을지 모르거나 혹은 양쪽 다일 것이다.

회사원 시절, 나는 상사와 부하 직원에게 물어본 적이 있다. "나에게 무엇을 기대하고 있습니까?"라고.

결과는 의외였다. 모두 내게 솔직하게 말해 주었고 좋은 방향으로 소통이 잘 되는 것 같았다. 그 후 서로 지지해 주는 분위기가 자연스럽게 조성되었다.

이심전심으로 서로가 서로의 기대치를 알면 좋겠지만 소통이 없이는 알 수가 없다. 실제로는 각각 독단적인 착각이나 오해를 하는 경우가 많다. 특히 아직 관계가 깊어지지 않은 단계라면 상대방의 기대치를 이해해 보려는 시도가 필요하다.

나는 요즘도 가끔 클라이언트인 기업 담당자에게 직접 물어본다. "무엇을 원하십니까?"라고.

실제로 말의 표현이나 질문 방법에 따라 무례한 인상을 줄 수도 있지만, 본래의 취지에 맞게 질문한다면 대부분의 클라이언트는 마음을 열어 준다. 그러니까 상대방의 기대치를 종잡을 수 없을 때는 직접 물어보자.

"내게 무엇을 원하는가?"

"내가 무엇을 제안해 주길 바라는가?"

"내가 어떻게 해주길 바라는가?"

상대의 필요를 알면 기대 이상의 일을 하기 위한 기준을 정할 수 있고 상대방과의 관계 역시 일보 전진하게 될 것이다.

단 조심해야 할 것은 지나치게 주위의 기대에 부응하려는 나머지 그 사람의 평가나 취향에 너무 연연하는 것이다. 예를 들면 이렇다.

'고객의 요구는 무시하고 상사가 마음에 들어 할 것 같은 기

획만 제안한다.'

　물론 일시적으로 상사를 기쁘게 할 가능성은 있지만 그런 일은 장기적으로는 성과나 평가가 나빠질 수 있다.

　톱 비즈니스맨이 되고 싶다면 더 높은 가치를 지향하길 바란다. 주위의 기대치를 알고 그 기대치를 웃도는 가치를 제공할 수 있도록.

07

호감을 얻으면
평판은 따라온다

좋은 평판이나 신뢰를 얻기 위해서는 지식과 기술 그리고 능력이 필요하지만 이것만으로는 충분하지 않다. 주위에서 호감을 얻지 못하면 좋은 평판도, 자신을 브랜드화하는 것도 불가능하다.

예를 들어 프로젝트를 성공적으로 마치거나 뛰어난 성과를 내도 협동심 없는 고집불통이거나 아무렇지 않게 주변인의 험담을 하는 사람이라면 평판이나 신뢰는커녕 주위의 시기와 질투에 발목을 잡힐 위험이 크다.

자신을 브랜드화하는 사람은 매력적인 인간성과 성실성을 겸비하고 있기 때문에 주위 사람들에게 사랑받고 호감을 얻는다.

내가 한 연수에서 만난 D씨의 이야기를 해보자.

상장기업에 근무하는 40세의 D씨는 동료를 배려하는 마음뿐만 아니라 업무 해결 능력과 전문 지식도 뛰어난 유능한 직원이었다.

연수 중에 '노구치 씨의 말은 이해는 하지만 현실적으로는 어렵다'고 발언한 직원이 있었는데 D씨는 나와 그 직원 사이의 중재자 역할을 자처했다. 그 직원이 지금 회사에서 어떤 상황에 놓여 있는지를 내게 알려 주고, 그 직원에게는 내 강의의 의미를 다른 각도에서 풀이해 주었다. 덕분에 두 사람의 오해는 해소되었고 직원도 강의 내용을 이해하게 되었다.

D씨는 강사인 나나 다른 직원뿐만 아니라 연수 담당자까지도 배려했다. 연수가 끝나고 강의실을 나올 때 D씨는 내게 "이렇게 훌륭한 공부를 할 수 있는 기회를 주셔서 감사합니다."라고 인사했다. 쉬운 말일 수도 있지만 실제로 이렇게까지 인사하는 사람은 매우 드물다.

이런 일도 있었다. D씨와 연수를 함께한 다음 해에 같은 연수가 또 개최되었다. D씨의 1년 후배 사원들이 수강하는 연수였다. 그때 처음 보는 수강생이 내게 이렇게 말했다.

"작년에 이 연수를 수강했던 D씨의 부하 직원 ○○○라고 합니다. D씨가 노구치 씨의 연수가 자기성장에 대한 훌륭한 교육이라고 추천해서 참가했습니다."

이런 말을 듣고 기쁘지 않을 사람이 있을까? 나와 후배들을 두루 챙기는 D씨의 배려에 감동했다.

그 후 D씨의 열혈 팬이 된 나는 D씨의 연주발표회에도 일부러 시간을 내서 갈 정도가 되었다. 몇 번의 만남만으로 사적인 친분까지 만들고 싶게 하는 D씨의 인품은 그 자체가 이미 브랜드라고 할 수 있을 것이다.

당연히 사내에서도 그에 대한 평판이 높다. 나는 D씨가 앞으로 이 회사를 짊어지고 갈, 존경할 만한 관리자가 될 거라고 확신한다.

08

네트워크를 넓히는 것이
브랜드화하는 것이다?

요즘 블로그, 트위터, 페이스북 같은 소셜 미디어 서비스의 존재감이 커지고 있다.

이런 도구는 스스로 정보를 발신하고 네트워크를 넓힌다는 의미에서 비즈니스의 가능성을 높여 준다고 할 수 있을 것이다.

나는 아직 이런 소셜 미디어를 시작한 지 1년 정도밖에 되지 않아서 자세한 얘기는 할 수 없지만 '소셜 미디어를 활용하면 브랜드화도 쉽다.'는 의견에는 반감을 느낀다.

물론 현실 세계와 연결되는 도구로 활용한다면 개인의 브랜드를 구축하는 데 큰 힘이 될 것이다. 회사나 비즈니스맨들 역시 SNS를 홍보와 이미지 마케팅 도구로 다양하게 활용하고 있다.

최근에는 이런 미디어를 이용해 노골적으로 덕을 보려고 하

거나 인맥을 넓히려는 속셈을 드러내는 사람들이 많은 것 같
다. 그런 이들은 이런 도구를 통해 자신의 이름을 알리고 인맥
을 넓히는 것이 브랜드화라고 생각하는 것 같다.

그러나 내가 생각하는 브랜드는 그와 다르다. '세상에 높은
가치를 제공함으로서 좋은 평판과 만족 그리고 신뢰를 얻는
것'이 진짜 자기 브랜드가 되는 것이다. 브랜딩은 인터넷을 잘
사용하면 실현되는 쉬운 길이 아니다.

SNS를 하다 보면 '이 사람이 나에게 무엇을 팔려고 한다.'는
인상을 받을 때가 많다. 생각이나 인품이란 것은 네트워크에
서도 단어나 커뮤니케이션을 통해 전해지기 때문이다.

오로지 인맥을 넓히는 것이 목적인 사람과는 소통을 지속할
수 없다. 미래를 향한 목적이 없기 때문에 단발성으로 끝나기
쉽다.

네트워크뿐만 아니라 명함 교환으로 수백 장의 명함을 수집
하는 컬렉터(?)들도 종종 만나게 된다. 이들은 특히 타 업종 교
류회 등에서 명함을 나눠 주며 돌아다닌다. 이런 사람과는 오
랫동안 비즈니스를 하거나 개인적인 친분을 쌓아 가기 힘들다.

비싼 양복을 몸에 걸친다고 브랜드가 완성되지 않는 것처럼
명함이 많다고 해서 브랜드가 세워지는 건 아니다.

네트워크는 양이 아니라 두께가 중요하다. 100여 개의 가느

다란 네트워크를 갖고 있다고 해서 저절로 비즈니스로 연결되는 일은 없다. 소수의 깊은 신뢰 관계를 바탕으로 묶인 두터운 네트워크를 갖고 있다면 거기서부터 소개와 같은 상승효과를 통해 질 높은 네트워크로 확장되는 것이다. 이와 똑같은 비유를 소셜 미디어에도 적용할 수 있을 것이다.

어느 날 나는 페이스북을 보다가 어떤 사람의 페이지에 시선이 멈췄다. 그 사람은 페이스 북을 통해 자신의 생각과 목표를 솔직하게 표현하고 있었다.

상품을 팔거나 인맥을 위한 사심은 조금도 느껴지지 않았다. '나는 지금 이런 생각을 하고 있다, 나의 신념과 가치관은 이것이다, 이런 사람과 일해 볼 수 있으면 좋겠다.' 같은 진심이 느껴지는 페이지였다.

나는 바로 그 사람에게 친구 신청을 했다. 소셜 미디어에서 교류해 보고 싶어지는 사람들은 모두 이처럼 자신을 진심으로 드러내는 사람이었다. 자기의 미래를 보이는 사람이라고도 바꿔 말할 수 있을 것이다.

가끔 페이스북을 만들어 놓고도 이름이나 사진은 숨겨 놓는 사람이 있다. 온라인에 개인 정보가 유출될까 봐 꺼릴 수도 있지만 이는 오히려 폭넓은 교류의 기회를 놓칠 수도 있다.

또한 페이스북을 나날의 사건을 기록하는 일기로 쓰는 사람도 있다. 일기가 목적이라면 상관없겠지만 읽는 사람의 입장에서는 적절한 리액션을 취하기 어려울 때도 있다.

다양한 소셜 미디어를 비즈니스에 활용하려면 영향력(임팩트)을 심어야 한다. 자신의 프로필을 보고 친분을 맺고 싶다는 생각이 들게 해야 한다. 소셜 미디어를 인맥 네트워크와 브랜드화의 도구로 잘 활용하려면 진심을 담아 보길 바란다.

09

선생님이라고 불릴 때를
조심하라

어떤 의미에서 유명해지고 가치 있는 사람이 되면 주위 사람들의 추대를 받게 된다.

- 히트 메이커
- 프로페셔널
- 카리스마 있는 리더
- 톱 비즈니스맨 등

다른 이들이 이런 호칭으로 당신을 모셔 주기 시작했다면 주의해야 한다.

사람은 주위의 환대와 추대를 받게 되면 금세 턱이 올라가고 교만해지기 쉽다. 사람들을 오만한 태도로 대하거나 단어의 사용에도 조심성이 없어진다. 남들에게 주목을 받던 순간은 금세 지나간다. 떠받들던 사람들의 마음이 떠나거나 배신을 당해 곤경에 빠지는 지경에 이르는 경우도 종종 있다.

이런 현상은 조직에서 출세할 때도 마찬가지다. 직위가 오르고 부하 직원이 생기자마자 거들먹거리면서 부하 직원에게 책임을 몽땅 떠넘겨 버린다. 이런 사람은 곧 벌거숭이 임금님처럼 외면당하게 될 것이다.

기업 연수의 세계에서 강사는 대개 선생님이라고 불린다. 대기업 사원들에게 선생님이라고 불리면서 대접을 받으면 제법 우쭐해진다.

그중에는 기분이 한껏 들떠서 교만해지는 강사도 많다. 수강생은 예의상 선생님이라고 부르는 것에 지나지 않는데 강사는 마치 자신의 실력과 신분이 대단해진 양 착각하는 것이다.

연수 강사의 세계는 경쟁이 치열하다. 나는 이런 착각에 빠진 강사가 결국 무대를 떠나게 되는 예도 많이 봤다.

불교에 '성자필쇠盛者必衰'라는 가르침이 있다. 비즈니스나 인생이 잘나가고 있다 해도 반드시 세력이 약해질 때가 온다는 뜻이다. 인생은 산도 있고 골짜기도 있으니 갑작스럽게 시련이 닥쳐올 때도 대비해야 한다.

톱 비즈니스맨은 주위에서 아무리 추어올려도 자기의 분수와 처신을 지킬 줄 안다. 우쭐한 기분에 취해서 경거망동하거나 잘못 판단하지 않기 때문에 인생의 골짜기도 쉽게 지나갈 수 있다.

주위 사람들로부터 추대를 받게 되었다면, 그때가 바로 마음을 다시 한 번 바싹 죄어야 될 때임을 잊지 말자.

톱 비즈니스맨은 왜 신문을 읽지 않을까?

01
신문을 많이 보는 사람이
톱 비즈니스맨이다?

비즈니스맨은 매일 신문을 읽고 동향을 파악하는 것이 당연하다고 생각하는 사람들이 많다. 실제로 아침마다 일간지를 읽으며 회사에 출근하는 사람들도 많고 지금까지 일본 비즈니스 사회에서도 신문에서 정보를 얻는 것이 직장인의 상식이었다. 상사들도 신입사원들에게 신문을 꼼꼼히 챙겨 보라는 충고를 아끼지 않았다. 정보를 파악하는 눈이 있어야 잘나가는 비즈니스맨이라고 생각하는 시대기 때문이다. 인터넷 등 다양한 정보 툴이 발달한 현재에도 종이 신문을 더 중시하는 사람들도 많다.

그러나 '신문 보는 사람=톱 비즈니스맨'이라는 시대는 아주 오래전에 끝나 버렸다. 그럼에도 불구하고 이런 착각 속에 있는 사람들이 여전히 많은 건 사실이다.

단언컨대 톱 비즈니스맨은 신문을 읽지 않는다.

분명 격하게 반론을 펼칠 사람들이 많다는 걸 안다. 비즈니스맨이라면 대부분 신문을 열심히 보고 있다고. 물론 그렇다. 대부분의 사람들이 속보를 검색하고 인터넷 기사와 조간신문을 체크한다.

그러나 '읽는다'는 정확한 표현이 아니다. 오히려 '훑어본다'는 쪽이 정답일지도 모른다. 말장난이 아니라 신문을 훑어보느냐, 읽느냐가 톱 비즈니스맨과 보통 사람의 차이라고 할 수 있다.

일 못하는 사람은 신문을 구석구석 자세히 읽어야 '나는 제대로 정보 수집을 했다, 비즈니스맨의 자격이 있다'고 만족한다.

물론 신문 기사는 과거나 현재 상황을 아는 데 도움이 된다. 트렌드나 최신 시사 이슈를 모르는 것보다는 알고 있는 편이 커뮤니케이션에서 유리하다.

신문 기사의 정보는 곧 만인이 다 아는 일반 상식이 된다. 누구나 알고 있는 정보는 차별화와 우위성의 확보에서 볼 때 가치 있는 정보라고 할 수 없다.

독자들 중에는 '당일의 신문 기사는 손님이나 거래처와 소통하는 데 빠지지 않는 얘깃거리다. 그러니 읽어야 할 가치가 있다.'고 반론하는 사람이 있을 것이다. 물론 영업맨처럼 신문 기사를 대화의 윤활제로 활용해야 한다면 신문을 자주 봐야 할 것이다.

그러나 신문 기사는 라이벌인 다른 영업맨들 역시 챙겨 읽어서 알고 있을 것이다. 그런 의미에서 최신성도 가치도 떨어지는 정보 아니 사실이 되는 것이다.

신문 기사는 누구나 얻게 되는 손쉬운 정보다. 그런 의미에서 보면 신문에서 정보를 얻는 사람을 유능한 비즈니스맨이라고 볼 수는 없다. 이제 오래된 선입견에서 깨어나야 할 때다.

02

불필요한 **정보**는
시간을 뺏는다

비즈니스맨은 신문, TV 뉴스 그리고 인터넷 등에서 정보를 얻는다. 나 또한 아침에 일어나면 뉴스 방송이나 정보 방송 등에서 채널을 돌려 가며 새로운 화젯거리를 시청한다.

신문은 인터넷 기사의 표제어 등을 훑어보다가 안테나에 걸리는 기사가 있으면 정독한다. 그러니 읽는다고는 하지만 정말 훑어보는 최소한의 행위일 뿐이다. 신문 구독이라는 관점에서 보면 나는 오히려 신문을 읽지 않는 부류에 들어갈 것이다. 나머지는 인터넷 검색으로 필요한 정보를 찾거나 잘 아는 사람에게 직접 물어본다.

그렇다고 이 정도의 정보 수집으로 비즈니스에서 곤란했던 일은 없었다. 잘나가는 비즈니스맨 역시 신문, TV, 인터넷 등에서 얻는 정보는 비슷비슷할 것이다.

연구원, 언론직, 마케터 등 정보 수집 자체가 업무의 일부인 사람들에게는 정보의 양이 힘이 되는 경우가 있다. 얼마만큼의 정보를 수집해야 하는가는 직종에 따라 다르기 때문에 일괄해서 말할 수는 없지만 한 가지 확실한 것은 자신이 필요한 정보 이상을 찾아 헤매며 수집하는 것은 시간 낭비라는 것이다. 필요한 정보는 정도껏 있으면 된다.

멀티미디어와 스마트폰이 발달한 요즘 세상에는 쉴 새 없이 정보가 쏟아진다. 꼬리에 꼬리를 물고 밀려오는 정보 때문에 최신 정보도 곧 진부한 것이 된다. 신선한 정보라고 생각했던 것들이 순식간에 누구나 아는 과거의 사실이 되고 만다. 그렇기 때문에 아무리 정보를 쫓아도 끝이 없고 힘들게 얻었다한들 다른 이슈와 트렌드에 밀려나게 된다.

게다가 사원 한 사람이 감당해야 할 일의 양은 점점 늘어나고, 효율성과 생산성의 향상을 추구하는 실정이니 멍하니 있을 여유가 없다. 현실적으로 정보 수집에 시간을 뺏기고 있을 때가 아니다.

비즈니스맨이라면 반나절을 투자해 정보 수집을 하기보다는 한 명이라도 더 많은 고객을 방문하는 편이 낫다. 개발이나 제조와 관련된 일을 하고 있다면 눈앞의 작업에 몰두해야 한다.

필요 이상의 정보 수집을 하는 것보다 성과로 연결되는 작업을 우선시하지 않으면 효율도 생산성도 향상되지 않는다.

'파레토의 법칙'을 들어본 적이 있는가? 경제 분야에서 전체 수치의 대부분은 전체 구성원 중 일부가 만들어 내고 있다는 학설로 '80:20의 법칙'이라고도 불리고 있다.

이는 '매출의 80%는 20%의 상품에서 나온다.'는 법칙인데, 이 파레토의 법칙을 정보에도 적용할 수 있다. 즉 20%의 정보가 80%의 성과를 낸다. 이 법칙에 맞춰 보면 신문에 게재된 정보량의 20~30%만 파악하고 있어도 충분한 성과를 낼 수 있다는 말이다.

그런데 실제로 정보 수집에 지나치게 매달리는 사람이 상당히 많다. 특히 대기업에서는 정보를 얻는 데 총력을 기울이는 부서나 정보 분석에만 열중하는 직원을 종종 볼 수 있다.

얻은 정보나 분석 결과를 제대로 활용하는 일이 더 중요하다. 정보 수집이나 분석에 지나치게 시간을 들여 봤자 일의 성과가 저절로 오르지는 않는다는 것을 명심하자.

03

톱 비즈니스맨은
정보에 가치를 더한다

그렇다면 톱 비즈니스맨은 정보 수집을 어떻게 활용하고 있을까?

결론부터 말하자면 톱 비즈니스맨은 신문 등에서 얻은 일반 정보 자체에는 크게 가치를 두지 않는다. 오히려 '그 정보가 품고 있는 가치를 발견하고 실현하는 것'을 중요시한다.

톱 비즈니스맨은 가치를 통해 자신만의 차별화와 우위를 만들어 내면서 '남달라지는' 것이다. 그렇게 다른 사람과 비교될 수 없는 자신만의 가치를 높이는 과정을 브랜드화라고 바꿔 말할 수 있는 것이다.

톱 비즈니스맨은 정보를 수집할 때에도 차별화와 우위성을 중요시한다.

언급했듯이 신문, TV, 인터넷 정보는 누구나 접근이 가능한 쉬운 정보다. 그런 흔한 정보는 차별화도 불가능하고 우위성도 없어서 무가치하다.

톱 비즈니스맨은 그런 일반 정보에 독자적인 해석을 추가한다. 자신의 예측이나 사업성 등에 근거해서 정보 속의 정보를 선별하고 차별화할 줄 안다. 그의 독자적인 관점에 따라 재가공된 정보(상품)에 고객들은 매력을 느끼고 필요로 하게 된다. 즉 그는 데이터(팩트)를 가치 있는 정보로 재가공할 줄 아는 것이다.

나는 한 제약회사에서 1년에 걸친 리더십 연수를 진행하면서 매우 인상적인 사람을 만났다.

그는 약을 개발하는 연구원이었다. 처음에는 그다지 눈에 띄는 인상은 아니었는데 시간이 지날수록 그는 내게 여러 가지 질문을 했다.

"지금 하신 말씀을 제 일로 바꿔 말하자면 ○○라는 거지요?"

"제약업계에서는 이런 경향이 있는데, 지금 하신 말씀을 이런 식으로 받아들여도 되나요?"

그는 내가 말한 정보에 대해 자기 나름의 해석을 더해서 질문했다. 그저 듣고 흘려버린다면 정보는 그 이상의 가치를 가질 수 없지만, 자신의 입장이나 업계에 맞춰 적용하는 순간 정보에 가치가 더해지는 것이다.

그런 질문을 하면서 그 연구원은 연수에 더욱 적극적으로 참여하게 되었다. 4~5개월째에는 그의 업무 능력이 더욱 상승했고, 그룹의 리더 역할을 맡는 등 더욱 변화된 모습을 보였다. 항상 즐겁게 연수에 임하던 그의 모습이 아직까지도 내 기억 속에 선명하다.

정보에 가치를 더하는 작업은 공부나 자격증 시험에도 적용할 수 있다.

예를 들어 '○○대학을 졸업했다'는 사실 자체는 무가치하다. 같은 대학을 졸업한 사람은 얼마든지 있기 때문이다. 또한 '○○의 자격증을 땄다'고 해도 큰 의미가 있는 것은 아니다. 같은 자격증을 취득한 사람도 역시 무수히 많기 때문이다. '어학을 마스터했다'는 것도 마찬가지다. '○○어를 구사할 수 있다'고 해도 언어를 구사할 상황이 전혀 없다면 좋은 능력을 활용하지 못한다. 즉 경험한 것, 배운 것 그것만으로는 가치가 없다. '그다음'이 중요한 것이다.

"대학에서 배운 생물 지식으로 신약을 개발, 환자들의 삶의 질 향상에 공헌했다.”

“방문요양 복지사 자격증을 취득하고 복지사 일을 해서 가족들에게 감사의 말을 들었다.”

“2개 국어 구사로 인접국과 국제 협조의 중재자로서 쌍방의 이익 향상에 도움을 주었다.”

이렇게 고객을 기쁘게 하거나 사회에 공헌할 때 정보는 비로소 가치를 더하고 빛을 낼 수 있다.

톱 비즈니스맨은 일반 정보로는 만족하지 않는다. 얻은 정보에 가치를 부가하는 작업에 더욱 신중을 기한다. 즉 정보를 가지고 어떤 사업을 해서 더 큰 가치를 제공할 수 있는지를 가늠하고 활용하고자 늘 촉을 세운다.

04

획기적인 상품과 서비스는
정보에서 나온다

　정보에 가치를 부여하는 습관을 가진 사람은 비즈니스에서도 기발한 아이디어를 내놓거나 미래의 비즈니스로 연결될 만한 특별한 발견을 한다.

　특히 연구 개발직의 경우, 정보에 가치를 부가하는 작업은 대단히 중요하다.

　예를 들어 반도체가 처음 생산됐을 때, 그것만으로는 사람들에게 가치를 제공할 수 없었다. 개발 초기의 반도체가 정보라고 한다면 그 정보에 어떤 가치를 더해서 세상에 이롭게 할 것인가가 개발자의 실력이 발휘되는 부분이다. 결과적으로 반도체는 컴퓨터와 휴대전화를 비롯한 다양한 전자제품의 부품으로서 이용자에게 편의와 감동을 제공하게 되었다.

판매나 마케팅도 마찬가지다.

만약 일기예보에서 오후부터 비가 온다고 했다고 하자. 이때 비 예보를 듣고 편의점 점원이 우산을 미리 가게 앞 눈에 잘 띄는 장소에 두면 우산의 매출은 확 올라갈 것이다.

또한 '아침에 커피를 즐기는 사람이 많다'는 통계 데이터가 있다고 하자. 이 정보를 듣고 음료 메이커의 개발자가 '아침에 초점을 맞춰 더 깔끔한 맛의 캔 커피를 팔면 좋겠다!' 하고 신제품을 개발하면 소비자의 필요에 딱 들어맞는 가치를 제공하는 것이다.

어찌 보면 당연한 이야기 같지만, 대부분의 히트 상품이나 롱 셀러 상품은 누구나 알고 있는 일반 정보에서 시작된다. 거기에 새로운 아이디어가 첨가되어 '획기적이다, 이런 것은 처음이다, 이런 일이 가능할 줄 몰랐다'라고 평가받는 혁신적인 상품이나 서비스가 세상에 선보이게 되는 것이다.

정보 수집에만 집중해서는 차별화된 새로운 가치를 제공할 수 없다.

단순한 정보를 근거로 독자적인 아이디어와 가치를 더해야 한다. 한발 앞선 가치의 유무에 따라 정보 수집가냐, 가치 메이커냐가 결정된다.

05

아이디어는 마음의 사각지대에 숨어 있다

그렇다면 어떻게 해야 독자적인 해석을 더한 가치 있는 아이디어를 낼 수 있을까?

일반적으로 '아이디어는 이미 축적된 정보의 조합에 지나지 않는다.'고들 말한다. 즉 지식이나 경험이 없는 곳에서는 아이디어가 생겨나지 않으며, 언뜻 획기적으로 보이는 아이디어 역시 '과거에 축적된 지식과 경험의 재조합'에 지나지 않는다는 것이다.

당연히 정보(지식이나 경험)가 많으면 많을수록 조합은 늘어난다. 그러나 그렇다고 해서 무조건 지식을 가득 채워 넣을 필요는 없다.

정보 수집에 많은 시간을 들일 만큼 우리는 한가하지 않으며, 자신의 비즈니스에 필요한 정도의 정보만으로도 충분히 괜찮은 아이디어를 떠올릴 수 있기 때문이다.

어떤 비즈니스맨이든지 자신이 속한 업계나 전문 분야에 대해서는 꽤 많은 지식과 경험을 갖고 있을 것이다. 적어도 전혀 관계없는 일반인보다는 많은 정보를 갖고 있다.

거기에 날마다 필요한 정보를 수집하고 있다면 아이디어의 조합은 얼마든지 늘어날 수 있다. 아이디어는 이미 당신의 마음속에 대량으로 쌓여 있다. 단지 깨우지 않았을 뿐이다.

그렇다면 아이디어를 깨우기 위해서 지식이나 노하우를 새로 배워야 할까? 그건 아니다.

여기서 나는 아이디어를 내는 약간의 요령을 소개하고자 한다. 포인트는 '마음의 사각지대'다. '마음의 사각지대'란 마음속에 아이디어가 있지만 그것이 보이지 않는 상태를 말한다. 즉 자기 안에 답이 있는데도 그것을 끌어내지 못하는 경우를 말한다.

이런 마음의 사각지대는 기존의 가치관에 지나치게 얽매여 있거나 통념에 묶여 있을 때는 전혀 안 보인다. 이런 심리적인 속박을 풀어 주어야 그동안 찾아 헤매던 번쩍하는 아이디어나 문제의 해법이 퐁퐁 떠오를 수 있다.

06

각도와 높이를 바꾸면
아이디어가 보인다

마음의 사각지대에서 벗어나기 위해 관점을 바꾸는 방법부터 알아보자.

예를 들어 중년을 위한 의류를 기획하고 있다고 하자. 이때 기획 담당자가 '중년들은 베이지나 검정 같은 무채색을 좋아한다'는 선입견을 가지고 있다면 어떻게 될까?

나이가 들었다고 반드시 튀지 않는 단색을 좋아하지는 않는다. 기분도 바꿀 겸 오히려 옷을 밝게 입고 싶어 하는 중년들도 많다.

또한 나이 들수록 피부색이 칙칙해지고 주름과 기미가 두드러지기 때문에 어두운 옷을 입으면 더 나이 들어 보일 수도 있다. 노년층의 피부는 어두운 색보다 밝은 색을 걸치는 편이 훨씬 밝고 젊어 보일 수 있다.

그러니 대체로 수수하고 어두운 색을 좋아한다는 통념에 사로잡혀 있다면 새로운 유행이나 상품의 기회를 놓치게 된다.

수수한 색에 갇히지 말고 반대로 밝은 색은 어떨지, 내 주위에 있는 어른들은 어떤 색을 좋아하고 입고 싶어 하는지, TV 드라마에 나오는 중년 탤런트는 어떤 옷을 입는지 관찰하고 조사해야 한다.

이렇게 다양한 각도에서 살펴보면 아이디어나 해결책의 선택은 늘어날 수 있다. 선택이 늘어나면 자연히 비교가 가능하기 때문에 내 생각을 시험해 보는 기회가 될 것이다.

관점을 넓히기 위해서는 주위 사람들의 의견을 들어보는 것도 효과적이다.

예를 들어 맡은 프로젝트가 최종 단계에 이르기 전, 담당자가 아닌 다른 사원에게도 조언을 구해 보자. 의외로 지금까지 프로젝트 멤버가 전혀 생각지도 못했던 관점이나 아이디어가 나올 수 있다. 간혹 회사와 이해관계가 없는 친구나 가족이 쏠쏠한 해답을 주기도 한다.

물론 다른 이에게 너무 의존하는 것도 최선은 아니지만, 푹 빠져 있던 문제의 새로운 돌파구를 찾거나 색다른 관점을 얻고 싶다면 효과적인 방법이 될 것이다.

다음으로 관점의 높이를 바꾼다는 것은 어떤 의미일까?

높은 곳에서 내려다보자 즉, 조망하자는 것이다.

예를 들어 신제품 프로모션에 대해 검토하고 있다고 하자. A안의 실행 방법에 대해 검토하고 있는데 적당한 문제 해결책이 떠오르지 않는다. 그럴 때 관점의 높이를 바꿔 생각해 보는 것이다.

'이 프로모션의 원래 목적은 무엇이었나?'

이처럼 관점의 높이를 다시 내려 보는 것이다. 그러면 놓친 부분을 찾고 새로운 깨달음을 얻을 수 있다.

'처음에는 20대 여성을 타깃으로 했다. 혹시 다양한 연령층의 여성 모두에게 어필할 필요는 없지 않을까?'

막히는 부분이 있을 때는 관점의 높이를 달리해 보자.

'처음에 내가 어떻게 하고 싶었지?'

'A안을 실현하는 것에만 빠져 있었는데, 사실은 B안이 더 이상적이었던 것은 아닐까? 다시 한 번 B안을 검토해 보자.'

관점의 높이를 바꿔 보면 발상의 전환을 꾀할 수 있다. 목적이나 미션 등의 처음으로 되돌아가 보면 '왜 지금까지 깨닫지 못했지!' 싶은 아이디어나 해결책이 보일 것이다.

07

역발상이
아이디어다

마음의 사각지대에 초점을 맞추고 자기의 고집이나 고정관념의 틀을 깨려면 정반대 방향으로 사고를 돌리는 것도 효과적이다.

이것은 관점의 각도를 바꾸는 방법으로, 자신의 생각과 정반대의 것을 떠올려서 사고의 전환을 가져온다. 그래서 단번에 문제의 돌파구로 인도하는 위력을 발휘하기도 한다.

중년층을 위한 색상의 예에서 본 것처럼 어두운 색이 아니라 오히려 밝은 색에 초점을 맞춰 보는 것이다. A안이 검토되고 있다면 정반대의 B안도 검토해 본다. 남성을 위한 서비스를 여성을 위한 서비스로 바꿔서 생각해 본다.

이렇게 자신의 생각이나 고집과 멀어져 정반대의 관점으로 각도를 돌려 보면 놀라운 발견을 할 수 있다.

정반대의 생각뿐만 아니라 정반대의 행동 역시 아이디어 발견의 좋은 트레이닝이 된다.

즉 자신이 늘 하는 것, 좋아하는 것, 잘하는 것과 완전히 반대의 것을 해본다. 지금까지 해본 적 없는 것, 싫어하는 것, 못하는 것에 일부러 도전해 보는 것이다. 예를 들면 이런 식이다.

'즐기던 패스트푸드 점심 대신 고급 레스토랑에서 코스 요리를 주문해 보자.'

'현악기만 배워 봤으니 이번에는 관악기에 도전해 보자.'

'주로 영화를 보러 갔지만 이번에는 개그콘서트나 무용극 같은 라이브 공연을 보러 가자.'

사람의 취향이나 행동 범위는 의외로 좁다. 비슷한 환경에서 비슷한 행동을 하고 있으면 같은 아이디어밖에 나오지 않는다.

평상시와 다른 행동을 해봐야 새로운 정보나 가치관, 감정 등을 만날 수 있다. 그리고 그런 자극이 새로운 아이디어의 조합을 가능케 하는 계기가 될 수 있다.

한 번도 해본 적 없는 새로운 일에 도전하기 위해서는 물론 용기가 필요하다. 그렇다고 겁먹을 필요는 없다. 만약 자신에게 맞지 않는다면 두 번 다시 하지 않으면 될 뿐이다. 자신에게 맞지 않는다는 사실을 안 것만으로도 새로운 관점을 도입할 수 있다. 반대로 의외로 재미있게 즐길 수 있다면 인생은 더욱 풍요로워질 것이다.

정반대의 행동은 비즈니스에서도 시너지 효과를 발휘한다.

예를 들면 나와 소통이 잘 되지 않는 사람과 커뮤니케이션을 하거나 반대의 가치관을 갖고 있는 사람의 의견을 도입해 보는 것도 좋다.

직장에는 다양한 유형의 사람이 모여 있다. 항상 자신의 편을 들어 주고 죽이 잘 맞는 사람하고만 사귀다 보면 점점 시야가 좁아지고 고정관념에 빠질 수 있다.

가끔은 자신에게 엄격한 선배에게도 조언을 구하거나, 마음은 잘 맞지 않지만 좋은 성과를 내고 있는 동료의 일하는 방식을 흉내 내본다면 몰랐던 세계, 잘 보이지 않았던 각도를 발견할 수 있을 것이다.

때로 '역시 그 방식은 나와는 맞지 않아.'라고 깨닫게 되어도 좋다. 적어도 자신이 잘 하지 못하는 것에 도전해 봤다는 뿌듯함만은 마음속에 남아 있을 것이다.

사람은 누구나 무한한 아이디어를 만들어 낼 수 있는 정보의 창고를 갖고 있다. 그러나 그것을 다양하게 조합하고자 노력하지 않으면 창고 속에서 깨어나지 않을 것이다.

08

질적 상승을 위한
포지셔닝

누구나 아는 정보에 자신만의 독자적인 해석을 더한 아이디어나 노하우는 든든한 방어막이 된다.

이런 독자성을 남들이 도저히 접근할 수 없는 수준까지 높일 수 있다면 그 분야에서 일가를 이룰 수 있을 것이다.

기업에 전략이 필요한 것처럼 비즈니스맨 개인의 인생에도 전략이 필요하다. 어떤 분야에서 다른 사람이 흉내 내기 어려운 차별화 요인을 만들어 자기의 브랜드 가치를 높이는 비책이나 필살기가 있어야 할 것이다.

내 비즈니스를 예로 들어 보자.

내가 기업 연수 강사를 시작했던 10년 전에는 강사로서의 실적이나 경험이 적었기 때문에 강의를 맡는 것 자체가 쉽지 않았다. 그렇다고 라이벌인 대기업의 컨설팅 회사와 정면 승부를 할 수도 없었다. 그래서 나는 업계의 포지셔닝 맵(서야 될 위치)을 검토하고 내가 싸울 라이벌을 찾아냈다.

당시 대기업 컨설팅 회사는 좌뇌계의 연수에 집중하고 있었다. 즉 문제해결, 논리적 사고, MBA 같은 기술이나 노하우를 교육했다.

이에 반해 내가 제공한 노하우는 우뇌계로 인간의 마음에 초점을 둔 내용이었다. 간단히 말하자면 '마음의 상태^{mind set}를 바꾸면 행동이 바뀐다'는 방법으로 당시에는 '정말 그런 작업만으로 성과가 올라갈까?'라는 반신반의뿐이었다.

그 후 시대는 크게 변했다. 인터넷이 발달하고 글로벌화가 진전된 결과, 이제는 지식이나 기술을 습득하는 것만으로는 한계에 부딪친다는 것을 기업들이 인식하기 시작한 것이다.

그전까지는 어느 정도 시대의 커다란 흐름이 읽혔기 때문에 남들만큼의 지식이나 기술만 있으면 버틸 수 있었다. 그러나 이제는 지금까지 해오던 만큼만 해서는 회사가 살아남을 수 없다. 인간 행동의 질적 상승이 요구되기 시작한 것이다.

나는 스스로 포지셔닝을 할 때 앞으로는 제품, 지식, 기술

같은 것이 일정 수준에서 비슷해질 테니 더 이상 차별화 요인을 찾기 어려울 거라고 생각했다. 그 대신 '인간의 힘' 자체를 끌어낼 수 있느냐가 차별화 요인이 된다고 예측한 것이다. 그리고 현재는 내가 강의하고 있는 '인간의 힘'에 초점을 맞춘 연수가 주류가 이루고 있다.

10년 전 나는 당시 갖고 있던 정보에 나름의 해석을 더해 라이벌과 차별화할 수 있는 노하우를 만드는 데 성공한 것이다. 당시 주류였던 문제 해결, 논리적 사고, MBA 같은 정보를 제공하겠다고 흉내 냈다면 지금의 나는 없었을 것이다.

톱 비즈니스맨은 왜 잘 잘까?

체력이 좋은 사람이 톱 비즈니스맨이다? | 하고 싶지 않은 일이 불러오는 악순환 | 톱 비즈니스맨은 하고 싶은 일에 몰입한다 | 톱 비즈니스맨은 수면의 질이 다르다 | 먹고 자는 것도 잊고 일에 열중해 보자 | 하고 싶은 일을 발견하기 위한 5단계 | 톱 비즈니스맨은 끊임없이 변혁한다

01

체력이 좋은 사람이
톱 비즈니스맨이다?

당신은 혹시 '밤을 새도 끄떡없는 정력가가 성공한다.'고 생각하는가? 그건 큰 오해다.

매일 아침부터 늦은 밤까지 일하고도 휴일 출근까지 마다않는 '기업 전사'들이 있다. 도대체 개인 생활이나 쉬는 시간이 있는지 걱정스러운 일중독자들이 당신의 회사에도 있을 것이다.

일의 양과 질, 시간은 생산성의 결정적 3요소다. 흔히 오래 일할수록 성과가 올라가는 것으로 착각하는 경향이 있다. 사실 성과를 내는 사람에게는 일이 점점 모여들고 주위의 기대나 평가도 올라간다. 그래서 이런 기업 전사 타입의 사람은 지속적인 성과를 내기 위해 더 긴 시간에 걸쳐 노동해야 한다.

혹시 이런 사람을 보며 '나한테도 저 정도의 굳센 체력이 있었으면…….' 하고 부러워한다면 '체력이 좋은 사람이 곧 톱 비즈니스맨'이라고 오해하는 것이다. 맹목적으로 장시간 일하는 것이 반드시 좋은 성과를 낸다고는 단정 지을 수 없기 때문이다.

고도 경제 성장기나 버블 시기 때에는 장시간 일하는 척하는 사람이 많았다. 그러나 노동시간이 곧 성과는 아니다. 그것은 단지 우리도 모르는 사이에 머릿속에 스며든 편견이다.

02

하고 싶지 않은 일이
불러오는 악순환

'아침이면 회사에 가기 싫어서 이불 속에서 꼼지락거린다.'

많은 사람들이 이런 경험을 갖고 있을 것이다. 그러다가 아슬아슬한 시간에 이불 속에서 뛰어나와 허둥대며 출근 준비를 하고 회사에 도착해 졸린 눈을 비비며 일을 시작한다. 오전 중에는 그렇게 뭉그적거리다가 일의 진척도 없이 점심시간을 맞이한다. 이것은 일 못하는 사람의 전형적인 패턴이다.

나 역시 20대 초반에 입사한 지 얼마 안 되었을 때는 회사에 가기 싫은 시기가 있었다.

당시 나는 항공회사에서 일하고 있었다. 항공기의 파일럿을 꿈꾸었지만 실제 업무는 지상 스태프였다. 그렇다고 맡은 일에 불만이 있었던 건 아니지만 일에 대한 의욕이 오르지 않아 지금 돌이켜보면 대충대충 일했던 것 같다. 그 시절의 나는 톱 비즈니스맨과는 영 거리가 멀었다.

일 못하는 사람은 현재의 일에 보람이나 만족감을 느끼지 못하고 불평하는 경우가 많다.

'난 어차피 조직의 톱니바퀴에 지나지 않아, 월급만큼만 하면 된다.' 하면서 일에 대한 애착이나 의욕이 없기 때문에 집중력도 떨어지고 하기 싫은 일을 미루다가 상사의 재촉에 겨우 일을 넘기고는 한다.

늦게까지 잔업하고 한밤중에 퇴근하는 생활이면 아침이 두려워진다. 겨우 출근해서 멍한 채로 습관적으로 업무를 처리하지만 아까운 시간만 흘러갈 뿐이다. 마음을 쏟지 못하는 일에서 성과나 아이디어를 낼 리가 없다.

일을 억지로 하는 사람은 이런 악순환에서 좀처럼 빠져나올 수가 없다. '제대로 해야지!'라는 마음이 있기는 하지만, 한번 사이클이 돌기 시작하면 그것을 멈추는 것이 쉽지 않다. 나도 비슷한 상황에 빠진 경험이 있어서 그 괴로움을 잘 알고 있다.

03

톱 비즈니스맨은
하고 싶은 일에 몰입한다

나는 30대 전반에 어떤 프로젝트를 계기로 실패의 소용돌이에서 빠져나올 수 있었다. 그 일은 내게 큰 보람을 느끼게 했고 몰두하게 했다.

프로젝트에 열중하고 있을 때는 모티베이션이 최대화되어 있기 때문에 무한대의 행동력과 사고력이 발휘된다. 일하는 것이 신이 나기 때문에 오랜 시간 몰입해도 시간 가는 줄도, 지치는 줄도 모른다.

(이렇게 무아지경에 이르도록) 일에 몰두하다 보면 일의 질도 높아지고 성과와 평가도 좋아진다. 이로 인해 동료들 사이에서도 영향력이 생기게 되고 사람을 움직일 수 있는 환경이 만들어지는 것이다.

이렇게 하루 종일 자기 일에 모든 에너지를 쏟아붓기 때문에 기분 좋은 피곤함이 밀려온다. 퇴근 후 침대에 눕자마자 잠에 빠져들기 때문에 시간이 짧아도 의외로 질이 높은 숙면을 취할 수 있다.

또한 본인이 즐기는 일을 할 때는 다음 날 해야 할 일들이 이미 머릿속에 차례로 정리되어 있어서 짧은 수면 시간에도 아침에 개운하게 눈을 뜰 수 있다. 그렇게 매일 전력을 다해 일에 몰두한 결과, 기대 이상의 성과와 가치를 모두에게 나눠 줄 수 있는 것이다.

이상을 정리하면 다음과 같은 사이클이 순환하는 것을 알 수 있다.

- 하고 싶은 일이 생겼다.

  ↓

- 일에 대한 동기부여가 생긴다.

  ↓

- 자기의 전력을 장시간 지속적으로 일에 쏟는다.

  ↓

- 주위의 평가가 올라가고 자신의 가치도 높아진다.

  ↓

- 기분 좋은 피곤함을 느낀다.

↓

- 질 높은 숙면을 취할 수 있다.

↓

- 아침에 상쾌하게 눈을 뜬다.

↓

- 하루 종일 가치 높은 일에 몰두해서 성과가 오른다.

↓

- 더욱 하고 싶은 일에 몰입하게 된다.

필자는 원하는 일에 몰입하면서 이런 플러스 순환이 돌아가는 것을 체험했다. 그리고 나뿐만 아니라 성공한 비즈니스맨들이 스스로 의식을 하든 못하든 간에 이런 사이클로 일하고 있다.

04

톱 비즈니스맨은
수면의 질이 다르다

톱 비즈니스맨은 잠을 잘 잔다.

여기서 잘 잔다는 말은 수면시간이 길다거나 언제 어디서든 잘 자는 타입이란 뜻은 아니다. 수면의 질이 높다는 말이다.

앞서 설명한 것처럼 톱 비즈니스맨은 하고 싶은 일에 최대한 몰두하기 때문에 밤에는 기분 좋은 피곤함을 느끼며 숙면할 수 있는 것이다. 잠이 오지 않아서 이불 속에서 몸부림치는 일도 거의 없다. 때때로 일에 지나치게 열중한 나머지 잠을 3~4시간밖에 못 잤다고 해도 다음 날 즐기는 일이 기다리고 때문에 아침 일찍 눈이 번쩍 떠진다.

잠시 초등학생 때의 소풍날을 떠올려 보길 바란다. 소풍 전날은 두근거리는 설렘에 좀처럼 잠이 오지 않지만 다음 날 아침에는 기다렸다는 듯이 눈이 떠져서 학교로 달려간다.

어른도 마찬가지다. 취미로 즐기는 골프를 치러 가거나 여행을 떠나는 날에는 잠을 설쳤어도 설레는 아침을 맞이할 것이다. 누구나 자신이 좋아하는 것을 할 때는 반짝거리기 마련이다.

반대로 하기 싫은 일을 억지로 하는 사람은 자신의 전력을 쏟지 않기 때문에 몰두하는 사람에 비해 심신이 지칠 일이 없다.

그래서 바로 잠들 수 없고 밤늦게까지 술을 마시거나 심야방송, 인터넷, 게임 등에 몰두하기 쉽다. 기껏 일을 마치고 돌아와서 밤늦도록 다른 일로 깨어 있게 되는 것이다.

이런 생활습관이 들면 숙면을 취할 수도 없고 일에 대한 모티베이션이 낮기 때문에 다음날 아침에도 이불 속에서 늦장을 부리게 된다. 컨디션도 난조다.

일을 즐기는 사람과 주어진 일만 겨우 하는 사람은 수면 전후의 시간을 포함해 수면의 질이 크게 다르다. 예를 들어 수면시간이 똑같이 6시간이라고 해도 하고 싶은 일을 하는 사람은 충분하다고 여기지만, 하기 싫은 일을 하는 사람은 수면 부족을 토로한다.

당신의 회사에도 아침 일찍부터 밤늦게까지 정열적으로 바쁘게 일을 하면서도 항상 기운찬 사람이 있을지도 모른다. 게

다가 확실한 성과도 내고 있다. 이런 타입의 사람이 어느 회사에나 몇 명은 있다.

'저 사람은 언제 잠을 자는 걸까?' 하고 놀라워하지만, 이런 사람은 좋아하는 일에 푹 빠져 있는 상태라고 할 수 있다. 실제로 수면 시간이 그리 길지는 않을 것이다. 혹은 밤을 꼴딱 새웠을지도 모른다. 그러나 일에 충실한 만큼 만족감이 있기 때문에 긍정적으로 돌파해 나갈 수 있는 것이다.

체력이나 자기의 프라이버시를 얼마나 희생하는지 등은 상관없다. 좋아하는 일을 놀이처럼 하고 있기 때문에 수면 시간이나 개인 생활을 위한 시간에 크게 신경을 쓰지 않는 것이다.

내 주위의 성공한 사람이나 톱 비즈니스맨 역시 이런 타입이 많다. 아니 오히려 잘나가는 비즈니스맨은 반드시 이런 시기를 거쳐 왔다.

한 IT기업의 경영자는 새벽 4시에 메일을 보내고 아침 8시에 스카이프(무료 인터넷 전화)로 일과를 시작하는 것이 일상이었다. 수면 시간이 길어 봤자 4시간 정도라는 말인데 실제로는 훨씬 더 적었을 것이다.

나는 30대에 미국 기업과 거래하는 부서에 있었다. 미국 기업은 일본 시간으로는 한밤중에 일을 시작하기 때문에 모티베이션이 높은 대부분의 동료는 새벽 2~3시까지 회사에 남아 전화나 팩스로 현지와 거래 업무를 하고 다음 날 아침에 쌩쌩한 얼굴로 퇴근하고는 했다.

이렇게 톱 비즈니스맨은 수면 시간에 신경조차 쓰지 않을 정도로 진심으로 자기의 일에 몰두하고 있다. 그리고 자신의 모든 힘을 쏟아부은 후에 오는 달콤한 수면에서 내일의 에너지를 얻고 있다.

05

먹고 자는 것도 잊고
일에 열중해 보자

최근에는 '워크 라이프 밸런스'가 기업에 유행처럼 퍼지고 있다. 직역하자면 '일과 생활의 조화'라는 의미로 '충실하게 일해서 책임을 달성하는 동시에 프라이버시 등 생활과도 균형을 유지해 윤택한 인생을 지향하자.'는 개념이다.

나도 그 생각에는 매우 공감한다. 일에 충실하지 못하면 자기 생활도 성립되지 않으며, 생활 역시 잘 영위할 수 있어야 일에서도 즐거운 성과를 낼 수 있기 때문이다. 워크 라이프 밸런스를 실현할 수 있는 사람은 일과 생활이라는 두 마리 토끼를 모두 잡을 수 있을 것이다.

간혹 워크 라이프 밸런스 개념을 착각하는 젊은 세대들이 늘어나는 것 같다. 본래 워크와 라이프는 동일한 연장선상에 있다. 일은 생활의 근원이 될 뿐만 아니라 보람이나 가치관을 높여 준다. 또한 인격을 완성시키고 인맥을 넓히는 기회가 되기도 한다. 즉 생활면과 직결되어 있다.

개인의 생활은 가족, 친구, 취미, 봉사 활동 등 윤택한 인생을 보내는 데 없어서는 안 될 요소이다. 이런 다양한 활동과 관계에서 활력과 일할 욕구가 생겨나는 것이다.

워크 라이프 밸런스를 잘못 인식하는 사람 중에는 워크와 라이프를 연결된 것이 아니라 완전히 분리된 별개라고 생각하고 있다.

"나는 인생을 더 소중히 하기 때문에 일은 적당히 하는 편이에요."

"지금의 일이 원하던 일은 아니지만 생활을 위해서는 어쩔 수 없지요."

즉 '반 워크, 반 라이프'만 하겠다는 것이다. 일과 생활 양쪽 모두에 적당히 발만 담구겠다는 생각이다. 일과 생활의 질을 함께 높여 충만한 인생을 사는 것이 워크 라이프 밸런스의 정신인데 그걸 반만 받아들여 반쪽짜리로 살겠다는 것이다.

'일은 정도껏 하면 된다, 일은 생계를 위해서 어쩔 수 없이 한다.' 같은 마음가짐으로 직장을 다닌다면 먹고살 식량은 얻을 수 있을 것이다. '그걸로 충분하다'는 가치관을 갖고 있다면 나는 결코 그런 생활 방식을 부정할 생각은 없다.

그러나 사람의 마음을 움직이거나 감동시키는, 새로운 가치를 창조하는 일을 이루기에는 부족하다고 본다. 누구나 할 수 있는 수준의 일, 남이 시키는 일만 해봤자 회사에서는 그 사람의 능력을 제대로 평가해 주지 않을 것이고 고객에게 높은 가치를 제공하는 것 역시 불가능할 것이다.

워크 라이프 밸런스의 본래의 개념을 독자 여러분도 소중하게 받아들이길 바란다.

모순된 얘기를 하나 하자면 생활도 잊고 일에 몰두하는, 즉 먹고 자는 것도 일에 몰두해 본 경험은 매우 중요하고 특별하다고 말하고 싶다.

앞서 설명한 것처럼 톱 비즈니스맨은 수면 시간을 줄여서라도 하고 싶은 일에 열중하는 시기가 반드시 있다.

어떤 제약회사에서 연수를 할 때 이런 에피소드를 들려준 사람이 있었다.

그는 일에 몰두하고 있을 때는 자기도 모르게 새벽 3, 4시까지 작업에 집중할 때가 있다고 한다. 보통 때라면 '내일 늦잠 자서 지각하면 어쩌지?'라고 걱정했겠지만, 그는 '그런 걱정을 할 바에야 차라리 밤새도록 일하자'고 결정했다.

"충분한 숙면을 취했다고 해서 다음 날 만족할 만한 일을 할 수 있다고 누가 장담할 수 있겠습니까? 그럴 바에야 만족감을 주는 일할 수 있는 지금, 계속 일을 하다가 아침을 맞는 편이 훨씬 행복하겠다 싶었죠."

그의 말이 인상적이었다.

이렇게 일에 몰두하는 경험을 해보면 꿈이나 목표에 매진하는 순간의 기쁨을 알게 되고, 일의 충실감이 얼마나 상쾌한 것인지를 피부로 느낄 수 있다.

이런 경험은 다른 꿈이나 목표를 향해 일할 때도 원동력이 될 수 있다. 또 다시 그때의 몰두와 감동을 맛보고 싶다는 열망이 살아나 몰입하게 하는 것이다.

만약 무언가에 몰두해서 이뤄낸 경험이 없으면 걸림돌을 만났을 때 포기하거나 주춤거릴 수 있다. 인간은 경험한 적 없는 일에는 겁을 내는 경향이 있다. 그러나 성취감을 느껴 본 사람은 끝까지 돌파하려는 인내와 끈기를 발휘한다.

나는 지금까지 세 번 그런 적이 있다. 먹고 자는 것도 잊고 죽을힘을 다해 일한 적이 있다. 모두 회사원 시절의 경험이었는데 그때 맛보았던 만족감과 성취감은 나중에 독립해서 일을 할 때에도 나에게 큰 자신감을 심어 주었다.

아내의 얘기를 덧붙이자면, 내가 독립한 후 최선을 다해 일하는 것처럼 보인 시기가 두 번 있었다고 한다. 사실 나는 독립한 후 단 한 번도 회사원 때처럼 일한 기억이 없다. 그리고 거기에 만족하고 있다. 죽을힘을 다해 일한다는 것은 결국 여유가 없다는 말이고 일의 질이 높다는 보장도 없다.

애초에 지금 하고 있는 일이 즐겁다는 요인도 있었겠지만, 역시 열심을 다한 시기를 이미 세 번이나 경험했기 때문에 심신이 익숙해져서 스트레스 내성이 강화되었는지도 모른다. 그런 의미에서 일이나 공부 또는 시험에 죽을힘을 다해 매달려본 경험이 비즈니스에서도 오랫동안 살아남게 하는 저력이 될 수 있다.

나는 되도록 젊을 때 먹고 자는 것도 잊고 일에 매달리는 경험을 하길 권한다. 일찍 그런 경험을 두세 번이라도 해본 사람의 후반생은 분명 남과 달라져 있을 것이다.

06

하고 싶은 일을
발견하기 위한 5단계

하고 싶은 일에 전력으로 몰두하는 것이 성공의 지름길이라는 것은 이제 모두 이해했을 것이다.

그렇다면 '내가 하고 싶은 일을 할 수 있는 환경이 아니다, 하고 싶은 일이 무엇인지 모르겠다.'고 하는 사람들은 어떻게 해서 하고 싶은 일을 할 수 있을까?

포인트는 바로 마음속을 재구성하는 것이다. 여기 하고 싶은 일을 발견하기 위한 5단계를 소개한다.

① 진짜 하고 싶은 것을 마음에 노크해서 물어보자.

② 마음을 멈추는 겁 많은 브레이크를 주의하자.

③ 자신의 마음 구조를 이해해야 한다.

④ 꿈의 목표를 설정한다.

⑤ 목표를 향해 마음을 재구성한다.

1단계 진짜 하고 싶은 것을 마음에 노크해서 물어보자.

‘내가 진짜 살고 싶은 인생은 무엇인가?’

‘내가 진짜 하고 싶은 일은 무엇인가?’

‘내가 진짜 이상적으로 생각하는 삶은 어떤 것일까?’

이런 질문을 스스로 던져 보는 것이다. 바라는 일이 있지만 못하고 있는 사람 혹은 딱히 하고 싶은 일이 없는 사람들이라도 학생 시절에는 ‘나중에 이런 일을 하는 어떤 사람이 되고 싶다.’고 꿈꾸었을 것이다.

또는 신입사원으로 일하기 시작할 때 ‘이런 일을 해보고 싶다, 이런 일로 고객을 기쁘게 하고 싶다’는 열정과 이상을 품어 보았을 것이다.

다시 한 번 자신의 마음에 솔직하게 물어보자. 이때 ‘어차피 무리야, 현실적이지 않으니까.’라고 단념하면서 마음의 소리를 듣기도 전에 뚜껑을 닫지 말자. ‘반드시 실현할 수 있다면 무엇을 하고 싶은가?’라고 조건을 붙여서 물어보자.

2단계 마음을 멈추는 겁 많은 브레이크를 주의하자.

1단계에서 자신이 원하는 것을 겨우 찾아냈는데도 곧장 고개를 저으며 부정해 버리는 사람이 있다. 예를 들어 '지금은 영업 일을 하고 있지만 사실은 기획 일을 하고 싶었다.'라는 대답을 얻자마자 바로 이렇게 외면하는 것이다.

"하지만 이런 말을 하면 상사나 동료에게 '재능도 없으면서 무슨 소리를 하는 거야?'라고 비웃음만 사게 될 수도 있어."

"우리 회사에서는 영업에서 기획으로 이동한 전례가 없으니 상당히 무리지."

스스로 브레이크를 작동시켜 버리는 것이다.

현재 자신의 상태에 불만을 느끼는 대다수의 사람들이 바람이나 욕구에 브레이크를 걸고 있을 가능성이 높다. '~하면 지금 가진 것마저 잃어버릴 거야, ~하는 것은 좀 위험해.'라는 두려움이 마음의 뚜껑을 닫아 버린 것이다. 정말 하고 싶은 일을 하기 위해서는 브레이크가 아닌 액셀러레이터를 밟아야 한다.

이를 위해 3단계 자신의 마음 구조를 이해해야 한다. 즉 다시 한 번 자기의 정신 상태나 사고 회로를 살펴볼 필요가 있다. 그러려면 자기의 가치관, 신념, 사고방식 같은 다양한 마음의 요소를 관찰해야 한다.

이런 마음 구조는 '말, 행동, 인상' 등의 형태로 밖으로 나타난다. 마음 자세가 행동으로 드러나는 것이다. 바꿔 말하면 마음을 재구성할 수 있다면 행동이나 결과 또한 달라질 수 있다는 말이다.

단언하건대 마음 구조는 리모델링할 수 있다. 이것은 자신에게 제약을 걸고 브레이크 또한 엑셀러레이터나 클러치 용도로 바꿀 수 있다는 얘기다. 이 사실을 아는 것만으로도 당신의 모티베이션은 오를 수 있다.

마음에 제약을 걸고 있는 사람은 통념이나 아집 같은 마이너스 해석에 묶여 있을 가능성이 있다. 이런 고정관념이나 선입견을 재구성할 수 있다면 소망을 실현하는 방법도 다양하게 구사할 수 있을 것이다.

예를 들면 우연히 본 영화의 주인공에게 공감하거나 책에서 감동을 받아 '나도 내 인생을 바꿔야겠다!'라고 느끼는 때가 바로 마음이 재구성되는 순간이다.

정말 원하는 것을 발견한 사람은 우선 '내 마음을 바꿀 수 있다.'는 확신과 결단이 중요하다. 그 믿음만으로도 자신의 마음속에는 커다란 가능성과 가치가 생겨나고 있음을 깨닫게 될 것이다.

④ 이제 꿈의 목표를 설정한다. 골 세팅^{goal setting} 또는 꿈을 디자인한다고 바꿔 생각해도 좋다. 정말 하고 싶은 일의 목표를 정하고 이루고 싶은 꿈을 구체화하는 것이다.

마지막으로 ⑤ 목표를 향해 마음을 재구성한다. 즉 어떤 사고와 행동을 취할지를 선택하고 집중하는 것이다.

예를 들어 '자신이 하고 싶은 일과 적어도 비슷한 일을 하는 것이 인생의 가장 큰 행복이다'라고 마음을 재구성할 수 있다면 '상사에게 이동 지원서를 낸다, 영업 일도 열심히 하면서 기획서를 제출해 이동의 기회를 노린다, 차라리 전직을 한다' 같은 다양한 선택이 떠오르게 된다.

어떻게 마음을 재구성하고 행동하면 좋을지는 그 사람의 마음 구조나 목표에 따라 다르기 때문에 정해진 법칙은 없다. 누군가가 가르쳐 줄 수 있는 것도 아니다. 자기 마음의 소리를 따라 각자의 힘으로 생각해서 해답을 찾아야 한다.

톱 비즈니스맨은
끊임없이 변혁한다

지금까지 '하고 싶은 일에 전력을 다해 전념하는 것이 톱 비즈니스맨의 조건이다.'라고 설명해 왔다.

그러나 아무리 하고 싶은 일이라고 해도 모든 순간이 즐겁다고는 말할 수 없다. 또한 아무리 노력해도 익숙해지지 않거나 잘 안 풀리는 상황, 부족한 스킬 등이 발생하게 마련이다. 원하는 일을 한다고 해도 일사천리로 성과가 쑥쑥 오르는 것은 아니라는 것도 각오해야 할 포인트다.

하고 싶은 일에 집중하는 사람은 메워야만 하는 구멍이나 높일 필요가 있는 능력을 무시하지 않는다. 자신을 성장시키고 연마하면서 스스로 부족한 부분을 극복하고 채워 나간다. 영어가 필요하다면 영어 회화를 배우고 필요한 자격증이 있다면 자격증 취득을 위해 노력한다.

또한 톱 비즈니스맨은 자신의 한계도 솔직하게 인식하고 있다. 하나부터 열까지 모든 것을 자기 혼자서 해낼 수 있는 사람은 없다. 그렇기 때문에 지혜롭게 사람과 시간과 지식을 활용하며 목표를 향해 매진한다. 예를 들어 상사의 도움이 필요하다면 사전 교섭에 공을 들이고 타사와 협력을 해야 할 경우에는 성심성의껏 상대를 설득한다.

톱 비즈니스맨은 자기변혁과 부단한 노력을 병행하며 오늘도 성장하고 있다.

불확실한 미래에 필요한 자기변혁

나는 '역발상'이라는 면에서 톱 비즈니스맨의 사고방식과 행동에 대해 설명했다.

'분명 그렇다.'고 공감하는 부분이 있는가 하면 '내 경험과는 다르다.'는 이견을 품게 하는 부분도 있을 것이다.

찬성과 반대, 양쪽 모두 대환영이다. 나는 이 책을 통해 이것을 해라, 저것을 하라며 강제할 생각은 전혀 없다. 이 책의 목적은 독자들의 발상의 전환을 돕고 자기변혁의 계기를 부여하는 데 있다. 자기 머리와 가슴으로 몇 번이고 생각해 보길 바란다.

이 책을 읽는 것만으로는 자신의 비즈니스나 인생을 바꾸는 것이 어려울지도 모른다. 책을 다 읽고 '재미있다, 도움이 됐다.'고 느껴 봤자 사실 아무것도 변하지 않는다. 분명 다음 날도 지금까지와 다를 바 없는 같은 습관을 계속하고 있을 것이다.

지금까지 누구도 경험한 적이 없는 시대에서는 과거의 성공 사례나 상식이 통용되지 않는다. 누군가의 지시를 그대로 따르기만 해서는 불확실한 미래에 살아남을 수 없다.

모든 비즈니스맨이 이러한 변화에 대응하기 위해서 자신은 앞으로 무엇을 생각해야 하고, 어떻게 행동해야 좋을지 매일 자기변혁(각성)을 해야 한다.

그러나 변화를 두려워하지 말자. 이 책을 읽고 나서도 '일리는 있지만 내 환경에서는 무리야, 누구는 가능했지만 나한테는 불가능할 거야.'라고 자신의 성장을 스스로 방해하는 사람이 있을지도 모르겠다.

자신의 인생을 결정하는 것은 다른 누구도 아닌 자기 자신이다. 그러니 자신감과 책임감을 갖자. 이 책을 다 읽은 지금 '이제 어떻게 생각하고 행동해야 할까?'를 다시 한 번 자문하고 얻은 해답을 따라 밀고 나가길 바란다.

이 책이 당신의 후반생을 바꾸는 계기가 된다면 기쁘고 기쁠 것이다. 언젠가 어딘가에서 몰라보게 성장한 여러분과 만나기를 바란다.

마지막으로 인간으로 사는 도리와 일의 방법을 가르쳐 준 아버지와 무슨 일에 대해서든 자신감과 기쁨으로 맞설 수 있게 인도해 준 인생의 멘토인 전일본공수[ANA]의 기타미카도 요우 씨에게 큰 감사를 드린다. 또한 이 책을 출간하면서 동양경제 신문사의 와하라 테츠야 씨에게 큰 신세를 졌다. 테마에 대한 깊은 이해와 열정 그리고 적절한 조언 덕분에 책 집필이라는 도전을 끝까지 해낼 수 있었다. 진심으로 감사드린다.

"눈에 띄지 않는 것들 속에 답이 있다."

노구치 슈이치

톱 비즈니스맨은
거꾸로 생각해

초판 1쇄 인쇄　2012년 10월 15일
초판 1쇄 발행　2012년 10월 20일

지은이　노구치 슈이치
옮긴이　양혜윤
펴낸이　정재면
펴낸곳　황금물고기
디자인　남상원
인쇄　천일문화사
등록　2003년 12월 5일 제 313-2003-000375호
주소　410-830 경기도 고양시 일산동구 정발산동 1346-13 1층
문의전화　02-326-3336 **팩스**　02-325-3339
e-mail　egoldfish@naver.com

한국어 판권ⓒ 황금물고기 2012, Printed in Korea
ISBN 978-89-94154-17-6　13320

내 마음의 도서관 황금물고기
황금물고기는 독자 여러분의 참신한 기획과 원고를 기다리고 있습니다.